A PROPÓSITO

Cubierta y diseño editorial: Éride, Diseño Gráfico
Dirección editorial: Ángel Jiménez
Imagen de portada: Budas y peces (Marco Caparrós)

Primera edición: mayo, 2024

Instagram: @alzalasalas

A propósito
© Paulo Caparrós
© éride ediciones, 2024
Espronceda, 5
28003 Madrid

éride ediciones

ISBN: 978-84-10051-50-8
Depósito Legal: M-11326-2024

Este libro protege el entorno

A PROPÓSITO

Paulo Caparrós

Antes de aventurarte a entrar en este libro,
sé consciente del para qué lo vas a hacer.
Una vez tengas la intención, sea cual sea,
abre una página al azar y comienza a leer
«a propósito»

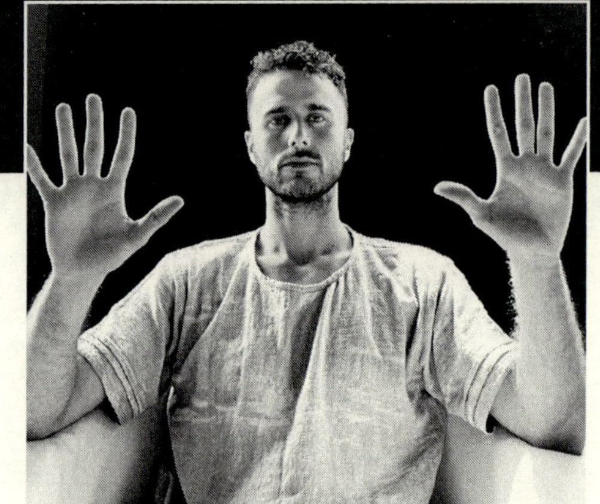

Paulo Caparrós

Investigador sin método comprometido a tender puentes entre el conocimiento ancestral, la sociedad actual y un futuro tecnológico al servicio del alma.

Desde una edad temprana, comenzó a capturar información del entorno y ordenarla en forma de poemas, cuentos, canciones, videos y cualquier otro medio de expresión.

Facilitador de experiencias donde, a través del cuerpo, se alcanzan estados extraordinarios de conciencia, y desde ahí lograr ordenar el campo mental y emocional.

En octubre de 2019, logró sintonizar mediante la escritura con una posible realidad, un mundo ideal en el que descubrió diversas joyas, entre ellas, el juego de Azar.

Desde entonces, ha dedicado todo su tiempo y atención a la creación de una plataforma que permita explorar el mapa humano a través del juego, atravesar los límites preconcebidos y descubrir mediante la experiencia el poder que tenemos.

lo que
nunca
imaginaste,
imagina lo
que nunca
hiciste

Sintonizarse con este canto hace posible
lo imposible, todos los impedimentos
o problemas aparentes se disuelven
por el motivo de esta melodía original.

Proceder acorde
a lo original en ti
es un Deleite.

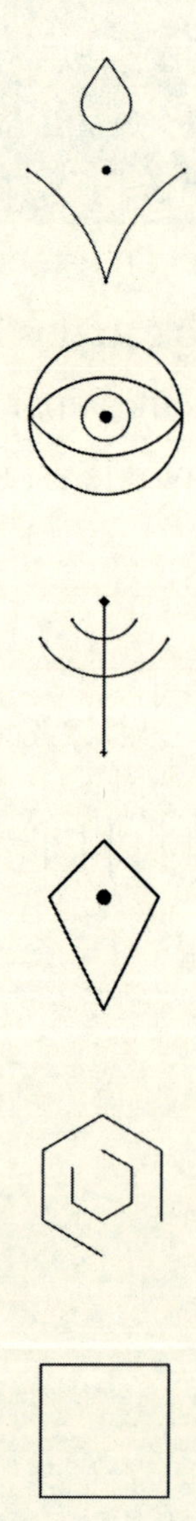

Índice

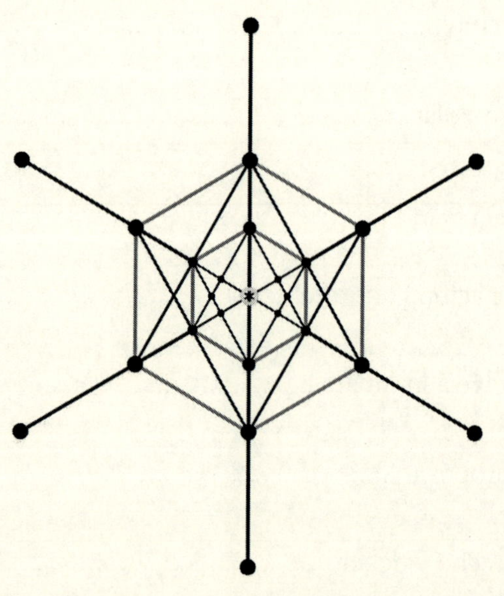

Este libro ha sido escrito con el propósito de exponer una perspectiva que acerque al lector a apreciar su verdad más interna y animarle a vivir en coherencia con esta. No es un objetivo aquí la adquisición de nuevos conceptos, más bien el despertar de un conocimiento que siempre ha estado.

Deseo que ciertas partes de este texto faciliten la activación de algo en ti, algo que habías olvidado, algo que calibre la posición que tienes ante la vida y tomes el lugar que te corresponde.

Entre todas las posibles líneas espacio-temporales existe una en la que estás viviendo acorde a tu versión original. La posible realidad en la que vives en coherencia con tu verdad innata. Determina esta línea una máxima expresión de tus capacidades y cualidades originales. Este libro es el comienzo de un camino hacia la encarnación de tu versión original. Entendiendo versión original como tu «yo autentico» o «esencia». Lejos de un libro de instrucciones o una guía que tengas que seguir al pie de la letra, mi propósito aquí es facilitar el contacto con el sentimiento que te enlaza a tu versión original y desde ahí interpretes los movimientos que precisas hacer para afinarte a esa realidad. Estos movimientos hacen referencia a tu misión, a aquello que has de permitirte y que en este libro llamaré «Faro Polar». El Faro Polar no ha de ser perseguido, si no permitir que la luz de este destino ilumine el presente y brinde la claridad necesaria para actuar acorde a lo original en ti.

Este libro forma parte de un juego, el juego de Azar. Este juego se desarrolla sobre un mapa circular e invita a embarcarse en un recorrido en espiral hacia el centro. En el recorrido del juego encontramos diversos lugares Siete son sus estaciones principales y este libro hace referencia a una de ellas. La estación correspondiente a este libro es la Universidad. Esta estación tiene como objetivo el emprendimiento de los movimientos necesarios para tomar el lugar que te corresponde ante la vida y su propósito.

Este libro, como el juego, ha sido escrito tirando del hilo de la experiencia. Lejos de leyes absolutas, solo es una interpretación de lo que una mente humana, como la tuya, puede procesar. Día a día todo suceso me desvelaba la información precisa y mediante la escritura fui capaz de profundizar y afinar en este juego de la vida. Como el brote que nace en primavera, el pensamiento germinó en busca de luz, llevándome a sumergirme en las artes y las ciencias de la naturaleza humana, ahora florece y dispone sus semillas al suelo de este mundo.

Aunque parezca que te lo digo a ti, lo escrito es principalmente para mí.

Como aquí señalo, el significado y símbolo de los conceptos de este libro han sido desvelados mayormente a través de mi experiencia y transcritos a través de mi interpretación. Con esto quiero expresar, que el contenido de este libro es principalmente para la integración de mi proceso. Me atrevo a recomendar que cada quien se sumerja en su universo interno y que descubra las joyas e instrucciones de su vida. Desde que este proceso comenzó, desde que por casualidad me acerqué a las puertas del estado de Deleite y me di cuenta de que siempre habían estado abiertas, mi vida cambió. Desde esa mañana de octubre de 2019 comencé a tirar del hilo, y hoy, casi cuatro años después sigo tirando de él. Esa información que se iba desvelando me brindó una lucidez que nunca antes había experimentado. La claridad inundó el presente, pasado y futuro. Sabía exactamente lo que hacer en cada momento, por un instante me enchufé a la sinfonía de la vida, y solamente ese eterno instante me otorgó una vida llena de bendiciones hasta el momento. Este libro y los demás que he escrito y estoy escribiendo son el intento de compartir esta información, ese sentimiento del estado de Deleite que simplemente te pone en tu lugar.

Más allá de las formas, se haya una xispa, un sentimiento desde el cual suelo escribir. Ese sentimiento es el que quiero transmitir, las palabras simplemente son los contenedores en los cuales viaja el sentimiento del Deleite. Como humano, en ocasiones me he despistado y he olvidado sintonizar con ese sentimiento antes de escribir. Sea como sea, ninguna frase de este libro pretende expresar una verdad cierta e inflexible, aunque así lo pareciese. Cualquier parecido con la realidad es pura coincidencia, como aquí expreso, es solo un juego.

Utiliza la creatividad y encuentra tu propio orden. Antes de aventurarte a entrar en este libro, encuentra el para qué lo vas a hacer. No te atrevas a abrirlo sin ser consciente del motivo. Una vez tengas la intención, sea la que sea, abre una página al azar y comienza a leer «a propósito». El libro cambia conforme tú cambias. Tu interpretación puede ser una y mañana otra. Ofrécete el tiempo que necesites para que los códigos de entre las líneas aquí escritas resuenen acorde a tu experiencia. Al recibir una idea, algo que te llame la atención, detente un instante y permite que aflore la parte correspondiente en ti con la información del quehacer específico que haga tal idea realidad. Te invito, mientras estás leyendo este libro, y si es posible en toda situación de tu vida, que hagas partícipe al cuerpo de la nueva información que recibes, es decir, incluir la respiración, postura y movimiento para apoyar la interpretación e integración de los nuevos mensajes.

Sea como sea que interpretes este libro que recibes, deseo que puedas encontrar las joyas que hay entre líneas, lo que me llevó a escribir lo que está escrito, más allá de las palabras se halla el origen de estas.

Gracias por tu atención.

Te amo.

Lee entre líneas, escucha entre palabras.
Lo que es es.
Que la brisa del Deleite resuene en las paredes
de tu corazón.

El círculo representa todo lo que somos. Más allá de las interpretaciones, el círculo es una unidad y eso me representa. Dentro de esta unidad hay diferentes partes interconectadas, en diferentes dimensiones de la realidad, como el plano físico, energético y mental. Todas las partes a cualquier nivel dentro del círculo están conectadas entre sí y sus funciones particulares son imprescindibles para el funcionamiento del conjunto. El conjunto de funciones en relación entre sí, origina una sinfonía que mantiene el círculo en expansión. La sinfonía de la vida. Lo que sucede en un nivel del fractal sinfónico, repercute a todas las escalas. Si cada parte está en coherencia con el resto, es indicativo de perfecto equilibrio y armonía sinfónica. En el completo equilibrio y plenitud se genera un estancamiento. Para que exista la evolución en el motivo de la sinfonía ha de suceder una disonancia, un desorden, una incoherencia que lleve a las partes a adaptarse a una nueva realidad.

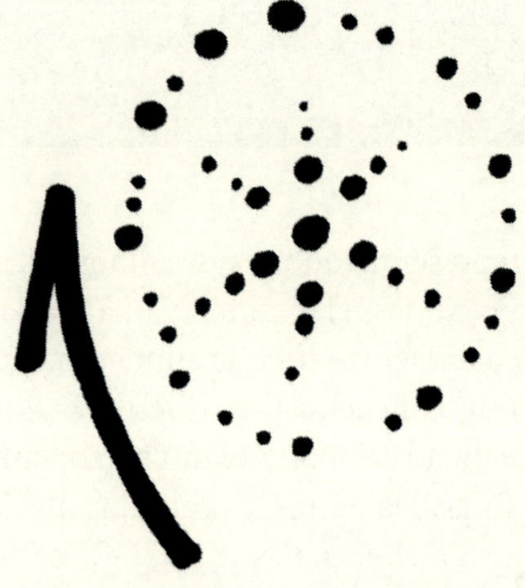

La cuestión es hacia dónde evolucionar. Evolucionar a veces es pulir, deshacer o soltar lo que impide el flujo natural.

Entre las partes originales del círculo, imprescindibles para la vida, se encuentran círculos artificiales. Estos son programas virtuales que han sido instalados para proteger cierto aspecto y por lo tanto aislarlo de la vida y su sinfonía. Sirviendo en la mayoría de los casos de interferencia entre las funciones originales del círculo. Estas funciones originales mutan para adaptarse al nuevo componente artificial modificando su información original. Lo original cambia constantemente, si un programa artificial permanece inmutable en el círculo, en forma de hábito, rol, costumbre u obligación causará la degeneración de las funciones originales. Así es como lo original se adapta a lo artificial en vez de adaptar lo artificial a lo original, es decir, adaptar nuestra manera de vivir al baile del universo tanto interno como externo.

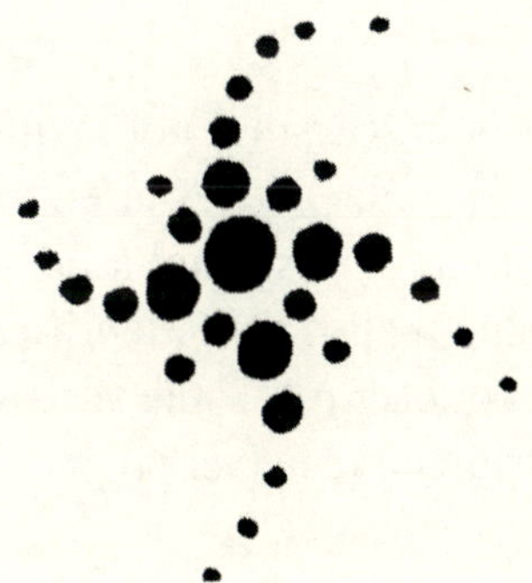

Como todo círculo, tiene un centro. El centro es el lugar desde el cual se puede atestiguar lo que sucede en cada dirección, un espacio neutral. El centro es el único lugar libre de programas.

La importancia de habitar el centro es vital, al habitar el centro podemos darnos cuenta de todo lo que está sucediendo en el reino, escuchar a cada parte y atender las necesidades. El único lugar próspero desde el cual reinar en coherencia con lo original. Al habitar el centro podemos acceder a toda la información y todo el poder disponibles en este presente. Habitar el centro es nuestra única oportunidad de reconocer y salir de cualquier programa virtual que amenaza con independizarse de la vida.

Fidelidad a lo original

La ignorancia es la única causa por la que uno puede ir en contra de la vida. Para estar en paz, hay que ser fiel a lo original, para ser fiel a lo original hay que identificarse con ello, para identificarse con lo original hay que conocerlo. ¿Cómo vas a ser fiel contigo si no sabes quién eres? *(ver página 91)*

Eres un canal, instrumento receptor de fuerzas, capaz de redirigirlas mediante la intención.

La inteligencia

Hay una inteligencia original, que reposa en toda forma de vida y que toda forma de vida reposa sobre ella. Directora de una perfecta sinfonía que mantiene la armonía siguiendo un claro motivo, por el cual respiras. Ser inteligente es conocer la inteligencia original e ir a su favor. Los humanos hemos dedicado gran parte de nuestra atención en desarrollar la inteligencia artificial, aprendiendo a construir ciudades, diseñar máquinas y escribir libros. Tenemos razón, bien, pero… ¿acaso ha creado la razón los pulmones por los que respiras, los ojos por los que miras y tu corazón?

Lo original es imprescindible, está presente y a tu alcance en todo momento, son muros artificiales los que separan e impiden la comunicación. En cada célula que te compone hay una inmensa sabiduría esperando a que la descubras y juegues con ella conscientemente.

La pregunta aquí no es,
¿que es la vida para ti?,
si no,
¿que eres tú para la vida?

Tú no existes

Ni la imagen que tienes de ti, ni tus creencias, ni tus problemas son reales. Tu identidad es virtual, por eso no hay nada que puedas hacer para relacionarte con lo original, que sí que existe. Es imposible desarrollar la inteligencia original ni descubrir su poder creador hasta que tu identidad artificial deje espacio a eso que hay en ti que eres tu.

Estado de Deleite

El estado de Deleite, es un estado de presencia, de coherencia entre tú y el mundo, entre tú y tus partes. Actuar acorde a lo original en ti, es un Deleite. Entrar en el estado de Deleite es enchufarse a la sinfonía que sostiene el universo, desde lo micro a lo macro. Entonces entiendes, sabes lo que hacer, eres parte imprescindible sostenida por esta sinfonía original.

Eso que hay en ti que eres

tú es lo que algunos llaman

alma, atma o el ser. Lo

original hace referencia

al gran espíritu, dios,

brahman o vida.

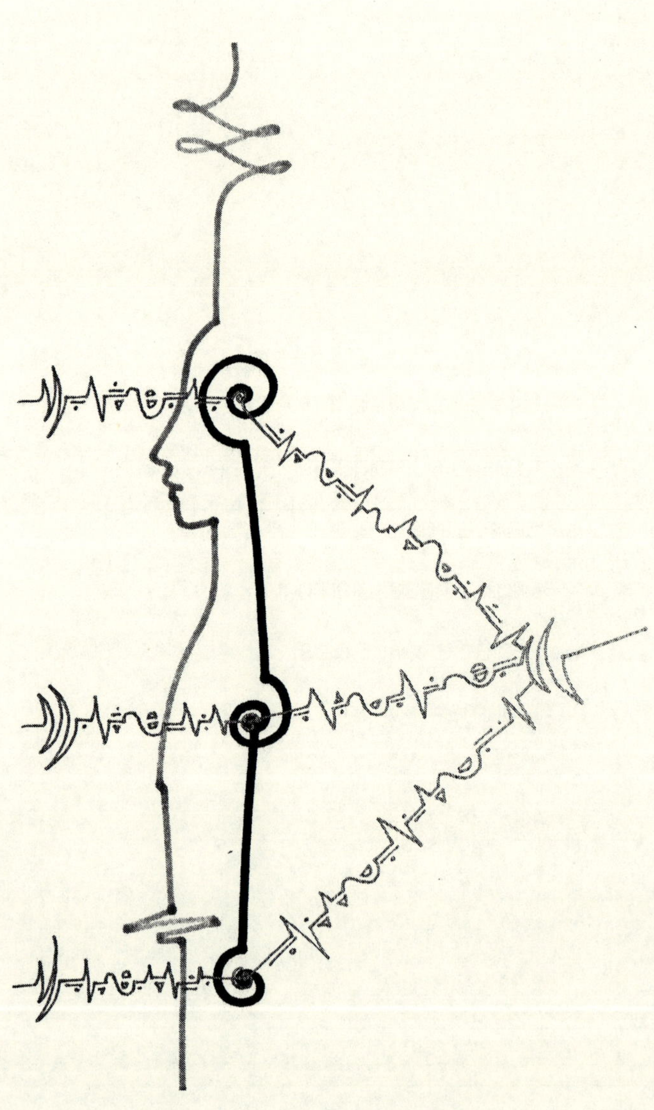

Existe una posible línea espacio-temporal en la que estás participando activamente en el mundo que habitas, actuando desde el Deleite, tu versión original, la máxima expresión de tus virtudes. Has desarrollado tus potenciales innatos y estás viviendo esa realidad que te mantiene en coherencia, correspondiendo a tu sentir más profundo. Lo das todo, inspirándote por el incondicional latido del corazón. Todo aquello que haces es tu recompensa, todo movimiento colma de satisfacción el núcleo de cada célula. El deleite de saciar tu sed es la fórmula. Has ganado el suficiente poder para actuar en cada momento acorde a tu verdad, así como la coherencia entre tu verdad y la palabra que pronuncias.

Brota el amor a la incertidumbre. Un nuevo camino has iniciado. Formas de pensamientos brillantes generan acciones y memorias de Deleite (*ver página 91*). Tu gratitud genera una onda expansiva que es reconocida por la vida, iluminandote como un faro, sirves de guía a tu «yo del pasado».

Sintoniza con esa línea espacio-temporal y permite que tal realidad penetre en tu sistema, para que se manifieste ahora y aquí, a través de ti. Siente lo que ahí sientes, muévete como ahí te mueves, piensa como ahí piensas, armoniza cualquier diferencia y afínate a tu versión original. Visualiza esa posibilidad para traerla a ti y sintonizar con ella y utiliza las herramientas de «a propósito» para acomodarte a esa realidad. *(ver página 199)*

Nuestro deber y derecho es sintonizar con el Faro polar y diseñar nuestros días para vivir en coherencia con esa realidad. Vivir a propósito. Pensar, decidir, hablar, hacer, y querer aquello que nos acerca al estado de Deleite. *(ver página 133)*

Uno de los principios de lo original es la eficacia y por ello la vida te precisa acorde a tu versión original, para que actúes desde el estado de Deleite haciendo un uso total de tus capacidades y así ensalzar la gracia de tu mundo.

El Faro Polar es la luz que guía tus pasos, el lazo que te une con el propósito de la vida y su sinfonía. Podemos saber que estamos alineados con el Faro Polar al experimentar la unificación entre lo que queremos, lo que hacemos, lo que pensamos y lo que sentimos. La conciencia acrecentada, la paz, el entusiasmo, la apertura y la inagotable energía son las formas en las que la vida te apoya al estar en coherencia con el Faro Polar.

Cuando actúas acorde a lo original en ti un sentimiento te baña, ese es el sentimiento del estado de Deleite, cuando actúas desde otro lugar ese sentimiento se disuelve. No puedes escapar de lo original así que atiéndelo cuanto antes pues es solo desde ahí que hallarás la verdadera satisfacción. Si desistes en tu misión de acercarte a eso que hay en ti que eres tú, siempre habrá algo incompleto, fuera de lugar.

Encuentra las puertas del estado de Deleite,
que te permite acceder a tu potencial
para ensalzar la gracia de tu mundo.

El propósito es el Deleite, que tu deleite
sea deleitar.

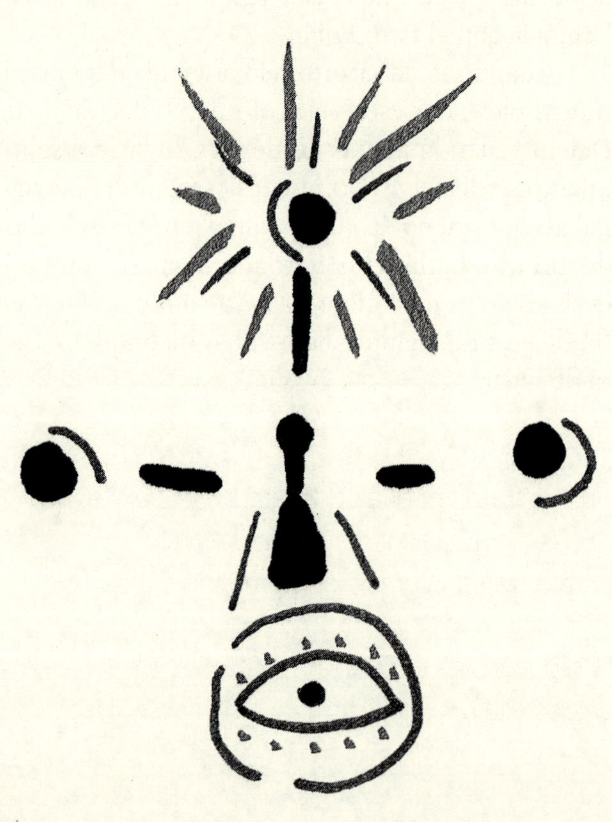

El Faro Polar se convierte en la estrella
polar, no importa alcanzarlo, basta
con admirar la belleza de esa realidad
y permitir que cale hasta lo más
profundo de ti, bañando cada célula
para que esa realidad se manifieste
en el brillo de tu mirada, en el ritmo de
tu respiración y en el movimiento
de los dedos de tus manos.

En el emprendimiento de alinearse con lo original, más que añadir, construir, buscar o hacer se trata de quitar, pulir, encontrar y deshacer todo lo que impide la conexión entre eso que hay en ti que eres tú y tus pasos. En la misión de encontrar la misión, precisamos de hacer los movimientos necesarios para liberarnos de cualquier artificio que este en disonancia con nuestra esencia.

Deja que la luz entre en ti,
deja que la luz salga a través de ti,
disuelve el caparazón,
ábrete capullo y así la luz fluya

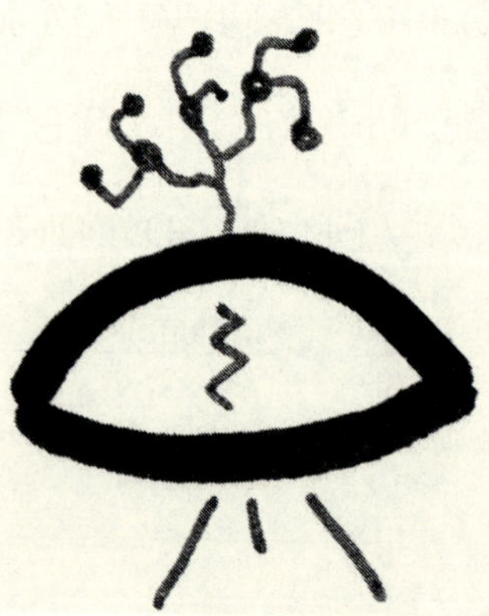

Más que el fruto, en ti se halla la semilla y es tu deber y derecho conocer de su ADN. Es tu deber y derecho sembrar, regar y florecer la semilla que portas. En ella se halla el potencial de la vida y tu misión es encontrar la gota que la active. Y una vez activada germinará creciendo hacia la luz con el propósito de expandirse y entregar sus frutos.

El Faro Polar nos brinda la oportunidad de salir de los programas pasados o los patrones repetitivos que vienen de una decisión que nunca se ha tomado e iniciar nuestra propia historia. El Faro Polar nos concede la transformación de víctimas de nuestro propio sueño a ser los creadores de un sueño lúcido.

El Faro Polar le otorga un sentido a tu historia. Este sentido es un motor para atravesar cualquier dificultad. La forma en la que interpretas la realidad y cómo interactúas con esta, cambia, pues tu posición ha cambiado.

Aunque seas el protagonista y director hay un plan que se va desvelando y este instante es el único escenario existente, en el que tu misión es permitir que el propósito de la vida haga su voluntad a través de ti. Para ello, lo único que has de hacer es dejar de impedirlo. Eso quiere decir que hagas lo que hagas no necesitas forzar para cumplir una expectativa. Forzar algo que no corresponde con lo original en ti es un gasto innecesario. A veces actuar como se «debe» atenta contra lo original en ti y por lo tanto generará un conflicto, y estar en conflicto con lo original, con la vida y su libre expresión solo puede ocasionar pérdidas.

Lo que crees que debe ser, solo es una ilusión. Lo que es, es.

Todo sirve para algo. Si algo te está molestando o no funciona bien es que está fuera de lugar. Estás utilizando un zapato de gorro y un gorro de cuchara. Un cuchillo para barrer y un lápiz como almohada. Todo tiene su utilidad, una cabra en el mar o un pez en la montaña están fuera de lugar y por lo tanto funcionarán a duras penas. Cuando algo está fuera de lugar necesita esforzarse para encajar, por mucho que se esfuerce el pez en la montaña no encontrará la satisfacción ni la paz. Por mucho que el pez, se empeñe en ser cabra, al final, tras tanto esfuerzo, seguirá siendo pez.

La misión conecta lo interno con lo externo, eso que hay en ti que eres tú con el mundo que te rodea. La misión tiene que ver con algo que tienes que permitirte compartir y qué mejor forma de hacerlo que desde el Deleite. Solo sirviendo a la vida te realizas. Si sirves a algún deseo de tu mente, serás así de inexistente. Si sirves al mundo, serás el mundo. Si sirves a la música, la música te servirá, si sirves a la culpa serás culpable. Si sirves al amor, serás amable. Si sirves al propósito original habrás encontrado la llave de la inmortalidad

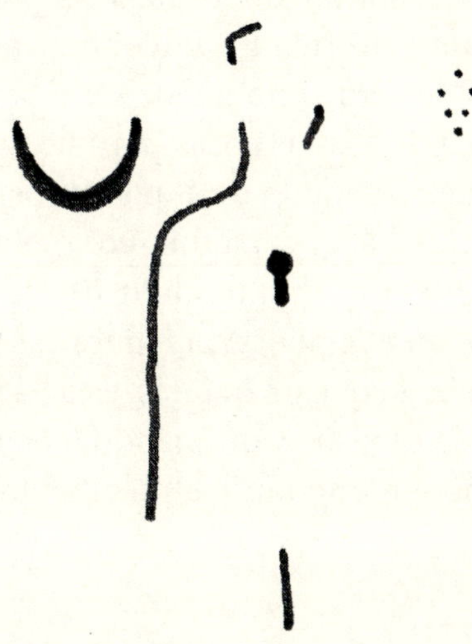

¿Por miedo a la muerte o por amor a la vida?

Hacer las cosas por miedo a morir, por miedo a perder lo que se tiene, solo puede causar sufrimiento. Aquello que teme perder algo es virtual, no existe realmente. La posición o actitud interna desde la cual se actúa por miedo, te aleja del propósito original y solo confirma tu desconfianza en la vida. Lo que es de verdad no puede ser amenazado por algo virtual. Hacer las cosas por miedo a morir, te posiciona en un modo de supervivencia en el que eres capaz de hacer cualquier cosa, por disonante que sea, antes que desprenderte de esa parte de ti. Esta posición es muy turbia, pues estás actuando para evitar algo que no quieres, es decir, estás ofreciendo toda tu xispa y dirigiendo toda tu atención a lo que no y por lo tanto alimentándose.

Hacerlo por amor a la vida te posiciona como participante activo de esta. Ofreciendo todas tus capacidades para ensalzar el brillo de tu mundo interno y externo. Te das cuenta de que formas parte de la vida y la vida forma parte de ti. Todo cuanto está vivo se convierte en tu aliado y la única batalla es la de ver la perfección en todo cuanto sucede, frente aquello que solo quiere encontrar el conflicto.

El propósito de la vida es mantener la vida y para ello se expande, aumenta, se reproduce. Lo que se quiere mantener se ha de aumentar. Encuentra qué valores, qué sensaciones, qué luces quieres mantener en tu vida y haz lo que tengas que hacer para aumentarlo.

El Faro Polar logra la convergencia de
los diferentes aspectos internos, con
sus diferentes deseos y aspiraciones
que confluyen en un único propósito,
más allá del interés personal, al
servicio de lo original.

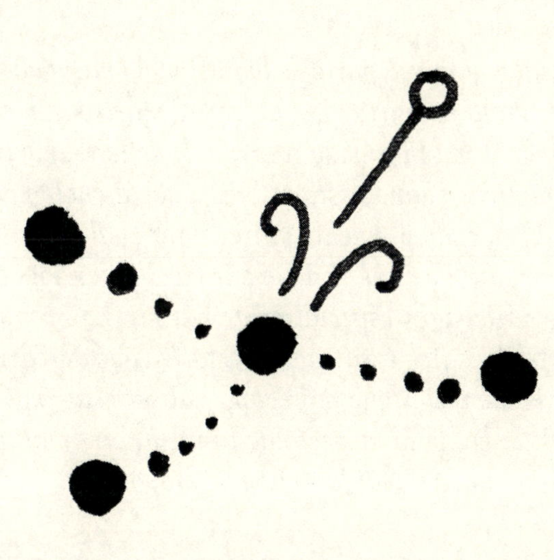

La misión de encontrar tu misión

Si aún no has dado con la misión, ya tienes una misión, y esta es, encontrar la misión. Si no lo has encontrado entre lo que conoces, es el momento de adentrarse en lo desconocido.

La búsqueda forma parte de la misión, la búsqueda sin buscar nada en particular, la espera sin esperar nada en especial. La búsqueda a lo que se refiere la actitud que uno tiene cuando está en búsqueda; atención acrecentada en cada momento para captar cualquier mensaje por sutil que sea. Todo lo que puedas percibir, todo lo que te llega, es especialmente para ti. La búsqueda de algo específico crea una expectativa que descarta el resto de mensajes que te llegan, y al ser esta expectativa el deseo de un aspecto de tu mente, es muy limitado ante lo que la vida tiene por proponerte.

Solo actuando acorde a lo original en ti, tendrás una experiencia de vida gratificante. Más allá de la seguridad de lo conocido se halla un mundo que te corresponde así como te lances confiando en que lo original te sostiene.

Lo que necesitas es muy simple, tan simple que pasa desapercibido y puede llegar a buscarse en los sitios más recónditos, incluso llegando a vender lo original como pago para pertenecer a un círculo artificial que promete todo cuanto puedas desear. Todo lo que buscas de aquí para allá solo puede ser lo original, aquello que te encaja y te sacia de paz. Puede que en tu búsqueda de lo original los aspectos de tu mente se hayan hecho un lío con su «brainstorming» probando a ver si el coche, el dinero, la casa, la pareja o cualquier otro propósito fuese a traer el orden original de vuelta al reino. Intento tras intento, nada de esto trae la paz y cuando un ligero cambio de aire permite el movimiento necesario para que pueda suceder a través de ti el propósito original, te das cuenta de que eso, es lo que has estado buscando toda la vida en el lugar equivocado. Pero bueno, ese paseo es el contraste que te llevas.

El Faro Polar es aquello en lo que la mente, el cuerpo y eso que hay en ti que eres tú, están de acuerdo. Aquello que te hace estar presente para poder hacer lo que haces en cada instante.

Lo único que realmente buscamos, originalmente, es amar y ser amados, encajar en la sinfonía de la vida y ser sostenidos por esta. El problema sucede al buscar este amor, su sostén y aceptación en sistemas artificiales. Sistemas programados en los que tienes que sacrificarte, venderte y alquilarte para ser amado. Qué tal si te dejas amar por el sol que ilumina tu cara y el aire que la acaricia, por la tierra que te sostiene y por el fuego que te calienta. Déjate amar por el agua que te limpia y sacia tu sed, por el mango que te estimula los sentidos. Déjate amar por el latido de tu corazón, por todas las cosas y por el espacio vacío entre ellas. Entonces te das cuenta que no hay nada que tengas que hacer para merecer, ya tienes todo cuanto puedes tener, con tan solo inhalar, con tan solo estar presente. ¿Cómo correspondes a todo aquello que te ama incondicionalmente? Déjate amar por tus semejantes, por los humanos con los que compartes tiempo y espacio, tus contemporáneos. Deshaz las protecciones que impiden el abrazo. Ama y déjate amar, ama el brillo de su mirada, ama la vida en ellos, su poesía. ¿A qué correspondes?

Hay algo, ahora y aquí que le da sentido a tu existencia. Los códigos relacionados con tu misión están rondando sobre ti desde que llegaste a este mundo. Como el búho con su silencioso vuelo, esperando a que te des cuenta, a que pares y adoptes la posición necesaria para que pueda atravesar tu mirada y como un rayo, penetrar en cada célula con el mensaje de tu misión. Un momento de lucidez, en el que de repente, por un eterno instante, sucede el maravilloso darse cuenta. El plan original se desvela y la sensación del Deleite recorre tu cuerpo de pies a cabeza y de cabeza a pies. Sabes lo que hacer, en el horizonte se avista una luz de faro que marca el rumbo hacia el cual dirigirse.

Una vez sepas hacia dónde vas, cualquier viento te servirá para llegar.

Es desde ese momento de lucidez que se marca el destino, el destino es el origen y desde aquí cada paso, cada acción estará alineada con el Faro Polar. A través de tu propósito te salvarás, a través de salvarte encontrarás tu propósito.

Déjate caer hasta dar con eso que te sostiene.

Intención

Da igual lo que hagas si la intención es original. La intención descubre el «para qué», el para qué estás haciendo esto. Lo curioso aquí, es que da igual el «qué», si tienes el «para qué». Si tu intención es poner orden en tu vida, da igual que ordenes tu armario o que cuentes los pétalos de una flor. La intención actúa más allá de lo visible y razonable. El «para qué» de alguna manera está unido al «desde dónde». Una intención de curar te posiciona en el doctor, una intención de robar, en el ladrón y una intención de cazar en cazador.

Según con que te identifiques, así será tu intención. ¿Con qué te identificas?

¿Con los millones de átomos que te componen? ¿Con tu personaje? ¿Con tu trabajo? ¿Con tu familia? ¿Con tu rostro? ¿Con el universo? ¿Con la respiración? ¿Con la vida en todas sus formas? ¿Crees que eres lo que crees que eres?

Si te identificas con tu historia, accederás al poder de tu historia, si te identificas con la vida accederás al poder de la vida.

Solo habitando lo original en ti, podrás desvelar la intención original, solo a través del para qué o motivo original podrás habitar lo original en ti.

Está muy bien que te propongas disolver tus impedimentos, ampliar tus límites y que tu intención sea permitirte vivir auténticamente. Está bien cualquier cosa que hagas en ti, pues eres parte del todo y por lo tanto repercute sobre todo. Mas si pasas de identificarte con tu persona a identificarte con la respiración de la vida, todos los seres serán tus cómplices. Si tu intención trasciende tus intereses personales, podrás acceder al poder disponible en el instante. Si tu quehacer sirve a la sinfonía universal, todos tus problemas se convertirán en polvo de estrellas.

Más allá de ti se encuentra la llave, y más acá de ti se encuentra la puerta.

Más allá de expectativas, ilusiones y satisfacciones pasajeras. La voluntad que compartes con lo original, con la vida, en lo que ello y tú estáis de acuerdo. Lo que te da fuerza para moverte hacia lo desconocido, pues posees el cetro que corresponde al Faro Polar y canaliza su luz en cada instante.

El Faro Polar acoge en su

abrazo a todos los aspectos

y los pone a colaborar, la

intención que abarca todas

las acciones de todas las

dimensiones.

Recuerda, este es tu sueño.

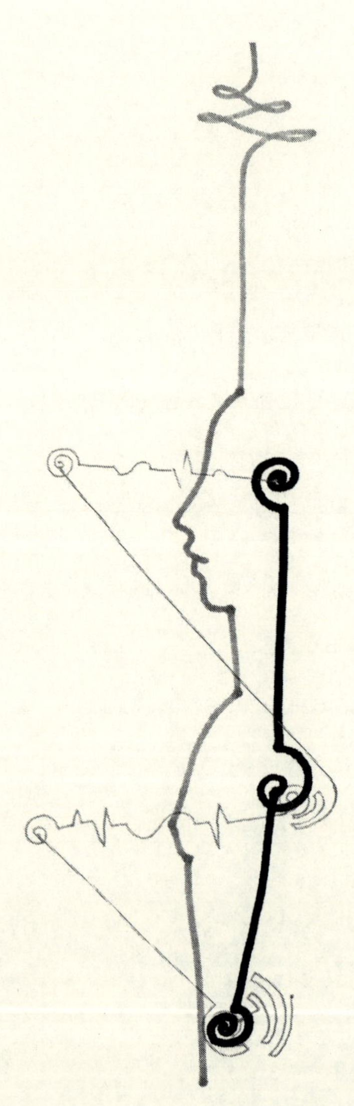

Lo primero que necesitamos para acceder al estado de Deleite, en el que estamos alineados con el propósito, es restablecer el estado original. Para ello hemos de ganar xispa (energía, poder) y dejarla de perder. A lo largo del día nos embarcamos en diferentes negocios en los que solo hay pérdidas. Aspectos artificiales tales como el alimento que consumimos, el caótico diálogo interno, la información a la que nos exponemos, las normas sociales, las casas que habitamos…, etc. Generan disonancia en el sistema, haciendo que nuestra configuración se adapte a lo artificial. Desde este punto, en el que reina lo artificial, nos puede resultar difícil acceder a la verdad. Poco a poco hemos de ganar terreno integrando elementos originales en nuestro día y así reconciliarnos con esta inteligencia. Es preciso crear un suelo fértil con base en lo original desde el cual proceder con todo lo demás.

Impulso original vs impulso artificial

El impulso original está en armonía con el orden del universo, mientras que el impulso artificial solo tiene en cuenta otorgarse una satisfacción.

Al anteponer un impulso de un deseo artificial al impulso del deseo original, este va entrando en el olvido. A lo largo de nuestra vida, el adversario (personalidad o ego) desde el inconsciente, ha ido generando todo tipo de artimañas para que persigamos un sueño que ha sido previamente diseñado, desde el sentimiento de inseguridad que tiene al saber que está destinado a desaparecer. Para reafirmar su existencia el adversario busca el reconocimiento y esta búsqueda por el reconocimiento, consigue que uno haga lo que los demás esperan de uno, dejando de lado el impulso original. El adversario se aferra a lo conocido, los hábitos le hacen sentir la seguridad que precisa, creando todo tipo de círculos artificiales en los que siente tener el control. Ante cualquier intento de adentrarse en lo desconocido responderá con una gran resistencia, un impedimento que pretende mantener a uno bien seguro entre lo ya conocido. Es en lo conocido donde uno se aleja poco a poco de lo original y las luces se van atenuando.

Los círculos artificiales son creados a partir de patrones que se repiten una y otra vez, ofreciendo una sensación de seguridad y control. Los círculos artificiales representan todo tipo de hábitos, roles, rutinas, vicios, programas y costumbres que nos encadenan a inercias colectivas en las que la mente ha tomado el control de las decisiones y algo o alguien del exterior ha tomado el control de la mente. El reino ha de ser devuelto a aquello que jamás excluye. Reorganizar el sistema para que reine el impulso original, comandado por el corazón y vivir en una continua iniciación, en coherencia con el orden original. En este nuevo orden todo cambia constantemente y las instrucciones se actualizan a cada paso para estar en armonía con la sinfonía universal. Pasando de ser víctimas de patrones e influencias a ser los creadores de nuestro propio sueño.

¿Qué te hace dudar de lo que sabes que es el impulso original?

Coherencia interna vs sistema externo

En ocasiones por respetar las leyes de un círculo artificial traicionamos a lo original, al universo y su sinfonía. Ser coherente con lo original a veces conlleva el rechazo de un círculo artificial. Tú decides si traicionar al sistema de creencias de unas personas o al universo, su sinfonía y tu propia salud. Las personas solo son actores con máscara, lo que ellos son realmente es otra cosa distinta a la que parece o lo que dicen que son. Por ello no titubees en «traicionar» al personaje teatral que están interpretando. Libérate de culpa y cualquier opinión, lo original en ellos no entiende de ofensas.

Actuar acorde a lo original en ti, normalmente significa hacer lo que te deje en paz, que no ha de ser necesariamente lo que quieres o lo que te apetece. Actuando desde lo original no se traiciona a lo original, lo que es de verdad, será cuidado.

La confusión puede venir por la corrupción del significado que hay detrás de las palabras tales como amor, amistad, buena persona, lo malo, familia, seguridad, justicia, derecho y deber... etc. En ocasiones estos conceptos pueden significar para uno el traicionar lo original para satisfacer a un programa artificial que parasita el brillo de la vida.

Es de vital importancia conocer lo original en nosotros, lo genuino, para actuar en coherencia a ello. Es común el querer ser aceptado, pero si actuamos para ser aceptados o para ser leales a lo que piensan sobre nosotros o por lo que debe ser, estamos perdidos.

Es lógico que sea difícil actuar en contra de las leyes implícitas de cualquier círculo artificial al que pertenecemos. Para ser coherente con lo original aun cuando seamos rechazados por el círculo artificial al que pertenecemos y que esto no suponga un conflicto interno, hemos de ganar el suficiente poder para ser impecables con nuestras acciones.

Confianza y seguridad

Para abrirnos a la vida es preciso confiar incondicionalmente y para ello hemos de sentir seguridad. La seguridad se obtiene cultivando el poder, el poder se obtiene con la impecabilidad y esta con un buen uso de nuestros recursos. La xispa (energía) es nuestro recurso original.

Es imprescindible conocer qué nos da xispa y qué nos la quita, así como ser conscientes de la cantidad y cualidad de xispa que disponemos en cada momento para poder decidir los quehaceres que correspondan con la capacidad y cualidad del instante.

La autogestión de la xispa es un arte vital

Puede que en nuestro intento de conquistar esta sensación de confianza y seguridad nos hayamos ido por las ramas, buscando en elementos externos la fuente de este sostén. El dinero, la casa y una rutina te pueden inducir esta sensación de seguridad. Mas nada comparado con la seguridad y confianza que te puede brindar un cuerpo fuerte y ágil que sostenga cualquier proceso, una mente ordenada y un caudal energético para poder hacer lo que quieras en cada momento.

En el camino hacia el Faro Polar, de vivir acorde a lo original en ti, es de vital importancia crear una base física capaz de sostener los procesos de las esferas superiores. Desde la base se inicia el movimiento, cualquier semilla que quiera ser germinada ha de posarse en la base, el contenedor de todo contenido que manejamos.

Si tenemos una base que flojea, ¿cómo podemos vivir desde el corazón?

Muchas veces por la intensidad de algunos procesos que hemos experimentado, nos hemos subido a la mente y de esta a la nube, para crear un mundo de fantasía y dejar de sentir el cuerpo. Aquí sucede una gran desgracia, pues el cuerpo es guía oficial del camino al Faro Polar, dotado de una inteligencia que precisamos para vivir en coherencia. Vivir en ese mundo de fantasía, se puede convertir en realidad. Una realidad en la que creamos un personaje virtual basado en las nubes y nos la pasamos haciendo maniobras para evitar que esa frágil y artificial realidad se derrumbe. Estas maniobras conllevan un gran gasto energético. La xispa está siendo dirigida hacia la cabeza para alimentar y sostener ese mundo artificial.

Este personaje virtual, desde el cual vivimos la mayor parte del tiempo, con su historia y sus pareceres, está poniendo condiciones continuamente a la vida. Si pasa algo que no le agrada, se cierra. Si nos cerramos, la xispa no puede fluir a través de nosotros y nos vamos agotando. Cuando la xispa disminuye, nos quedamos sin poder para realizar ciertas expediciones y nos volvemos un tanto tacaños.

Cuando ese mundo artificial es derrumbado y caemos hasta dar con eso que nos sostiene, nos damos cuenta de que siempre estuvimos sostenidos, solo que vivíamos a un metro y medio de la tierra intentando mantener la estabilidad. Al bajar de la cabeza al cuerpo y sentir el sostén incondicional de la tierra, podemos abrirnos incondicionalmente a la vida. Cuando nos abrimos a la vida, la xispa puede fluir a través nuestra y por lo tanto acceder al poder que hay disponible en este lugar.

Para abrir la mente, para abrir el
corazón, para conectar con lo
que tienes enfrente y expresar tu
verdad coherentemente es
necesario tener los pies en la
tierra, una estructura que
sostenga todos los pisos y las
ventanas abiertas para que entre
la luz y circule el aire.

Cazar poder

El poder es la capacidad de hacer. El poder se refiere a la responsabilidad y por lo tanto a la autoridad de cada movimiento con el que procedes. Todo emprendimiento te puede dar poder o te lo puede quitar. A lo largo de nuestra vida hemos cedido nuestro poder a otras personas para que nos digan lo que hacer, nos hemos desprendido de nuestra autoridad y se la hemos dado a no sé quién. La labor de cazar poder es de vital importancia en el camino hacia el Faro Polar. El poder nos servirá para emprender cualquier expedición que dicte el corazón, por difícil o imposible que parezca. El poder nos servirá para tomar una decisión en coherencia con lo original más allá de las opiniones, el qué dirán y las creencias del círculo artificial que habitamos.

Cualquier cosa que hagas te puede dar poder o te lo puede quitar. Las palabras por ejemplo, si te quejas, te estás posicionando como víctima, cediendo tu poder a factores externos. La palabra que sale del centro sin interferencias personales, te brinda la autoridad de un rayo y retumba en la realidad para cumplir su cometido. El poder habla de la capacidad que tienes de hacer cosas con los recursos que dispones. Un buen uso de tus recursos te otorga poder y un mal uso te desvirtúa. Tus riquezas materiales, la palabra, acciones, la respiración, el pensamiento puede ser utilizado o gastado. Deja que el poder entre en ti. Eres una vasija con capacidad de llenarse y regar a su paso. Si pretendes guardar para ti todo lo que te ha sido dado se ocasionará un estancamiento. Has de darlo todo en cada paso, todo lo que no des, se perderá. Vacíate para volver a llenarte de los regalos que la vida tiene por proponerte.

Antes de que puedas dar algo, has de aprender a recibir. Ya has recibido un cuerpo en el que incorporarte y una mente para jugar. Ahora, dependiendo de lo que recibas; de lo que escuches, de lo que mires, de lo que comas, de lo que pienses o imagines, tendrás que lidiar con la transformación de la información que ello guarda y depende de la capacidad para manejar toda esta información, la cualidad y calidad de lo que das, de tu mensaje, de tu participación en la vida.

El compromiso primero
es el que tienes contigo
ante el universo de testigo.

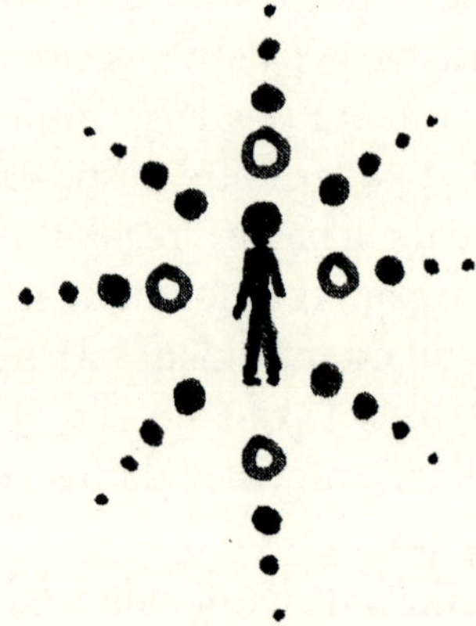

El compromiso es la promesa de hacer algo en concreto en el camino hacia el Faro Polar. Sin compromiso no hay firmeza en el propósito y por lo tanto nos convertimos en veletas movidos por los vientos cambiantes. Sin compromiso, el Faro Polar y todo aquello que deseamos experimentar se quedará en un destello, una ilusión de lo que podría haber sido. Es de vital importancia comprometerse a realizar algo que ensalza aquello que amas de la vida, algo que te comprometes a hacer o deshacer en un tiempo determinado, pese a cualquier circunstancia externa, emoción o apetencia. Mediante el compromiso es que podemos hacer realidad los mundos que deseamos y acercarnos a nuestra versión original.

Cualquier compromiso cumplido nos brinda poder y autoridad, ganando en autoconfianza y fortaleciendo nuestra voluntad. Aprecia el valor que tiene que confíes en ti, en tener la absoluta certeza, de que aquello que digas que harás, lo vas a cumplir. El compromiso es el vehículo que nos lleva allá donde queremos llegar. Un pequeño compromiso cumplido te otorga el poder que necesitarás para el éxito de cualquier emprendimiento futuro. El compromiso puede ser prevención de cualquier debilidad por la que desistamos en la misión. El juego aquí está en ir ganando terreno a la indiferencia y placeres inmediatos con los quehaceres que ensalzan el brillo de nuestra versión original. La misión es compromiso y el compromiso misión. Comprométete con aquello que la mente, el cuerpo y eso que hay en ti estén de acuerdo.

La xispa es energía y la energía es poder.

Para alinearnos a la versión original hemos de ganar xispa y dejarla de perder. Para ganar poder hemos de embarcarnos hacia lo desconocido, hacer eso que más nos cuesta e incluso nos asusta. Una vez demos los primeros pasos, nos daremos cuenta de que nos creíamos mucho más débiles de lo que somos. Si nunca damos los primeros pasos para descubrir de qué pasta nos conformamos, viviremos en la ignorancia de nuestro potencial. Una acción de poder es un movimiento que te posiciona fuera del círculo artificial que habitas, al principio puede asustar, más te darás cuenta de que has estado toda la vida en una jaula mental. Acciones y no acciones que comienzan a disolver los límites de círculos artificiales, acciones simples tales como, hacer algo nuevo, despertarse antes del amanecer, un día de ayuno, aguantar una posición o generar momentos de silencio. Al hacer algo que no haríamos, es decir, que un aspecto de nuestra mente se opone, vamos forjando una voluntad que nos servirá para atravesar cualquier impedimento en el camino.

Habítate

Un león dentro de un acuario es inútil y así se sentirá, confundido, fuera de lugar, sin poder reconocer lo que es capaz de llegar a hacer, con el tiempo se irá acostumbrando y su sistema se adaptará para la vida en el acuario, una desgracia, un león rana.

Habita el cuerpo con comodidad, sin luchar contra él, ni tratar de dominarlo. El cuerpo te apoya, en cualquiera de tus decisiones, en la salud y en la enfermedad, hasta que la muerte os separe. Recupera el sentido y dale un descanso a tu mente. Deja de tratar a tu cuerpo como si fuera un niño pendejo que te está molestando y escucha lo que realmente te quiere decir. Este posee una inteligencia maravillosa, son muchos años de sabiduría, afinando y ajustándose a las necesidades del instante. Te conviene y puedes confiar totalmente en las sensaciones del cuerpo para guiarte en tu camino. Establece una relación de escucha activa con él y atiende a sus sutiles mensajes antes de que pasen a ser groseros. El cuerpo está equipado para poder hacer casi cualquier cosa que puedas imaginar. Potenciales, que en el garaje difícilmente se pueden descubrir.

Acércate a lo que es de verdad para ser de verdad

En tu corazón se halla la sabiduría, las instrucciones de tu vida, nacimiento del impulso original. Tu cuerpo es la representación de la inteligencia original más accesible que posees, tu cuerpo está en relación constante con los sucesos planetarios y el planeta con los del sistema solar y el sistema solar con el universo. La relación que tienes con tu cuerpo, representa la relación que tienes con el universo.

La atención en la respiración te posiciona en el presente, creando un vínculo entre mente y cuerpo. Sincroniza tu respiración con el latido de tu corazón, tres latidos, inhala, tres latidos, exhala. Agradece ser parte sostenida por el latido universal.

Corazón y cerebro unidos por la sangre

Los alimentos que consumes se convierten en la sangre que fluye por tus venas y arterias transportando la información de dicho alimento a cada célula. Hoy en día podemos distinguir entre alimento artificial y alimento original. En el alimento original se halla la memoria del origen en armonía con el universo. Es a partir de su correcta preparación y consumo que esta información se convierte en sangre. Recorriendo todo el cuerpo armoniza diferencias a su paso. Al llegar a la célula, despierta en esta, una memoria coherente con el orden universal, reflejándose este orden en todos los aspectos de la vida.

El alimento artificial ha sido procesado, refinado y adulterado para causar ciertas reacciones en el cerebro. La información que llega a la célula es incompleta o incoherente con lo original, causando una disonancia a la que todo el sistema se ha de adaptar. Al sostener la alimentación artificial comienza a suceder un cambio de paradigma. El cerebro, a través de la adicción, comienza a tomar el control de nuestras vidas eclipsando a la sabiduría original del corazón. En este momento sucede la desgracia, los impulsos artificiales de la mente, se interponen entre tu acción y el impulso original. El corazón guarda la información sobre el propósito original y la mente es joven e inexperta, susceptible de cualquier estímulo exterior. Cuando la mente ha tomado el control, nace la confusión y el propósito original queda sepultado por los razonamientos de la mente y sus múltiples aspectos que son influenciables por cualquier cambio de viento.

Necesitamos una maniobra de emergencia para volver a restaurar el orden, en el que el impulso original sea lo que reine cada movimiento. Si te alimentas de lo artificial, esta información confundirá la vibración original, creando cierto tipo de adicciones y parásitos que hacen que olvides el propósito original, sustituyéndolo por placeres inmediatos. Para ser de verdad hay que comer de verdad.

¿Ser de verdad sin parar de mentir?

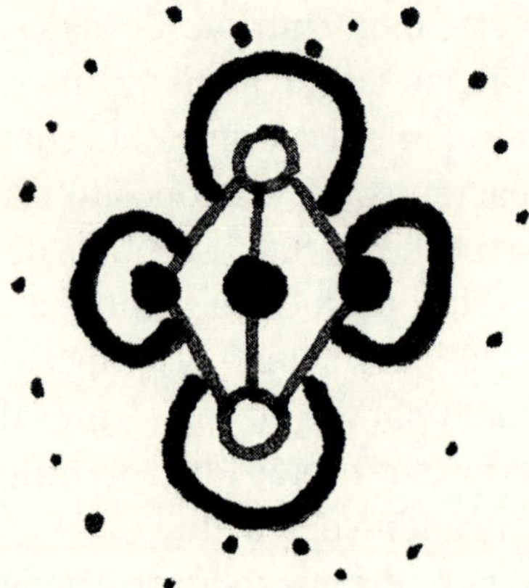

Al perder el vínculo con el origen nos hemos ais-
lado de la realidad creando una pecera que nos
cubre la cabeza y que la separa del mar. Esta pecera nos impide ver con claridad, su empañado
cristal solo nos refleja lo que hay dentro entre-
mezclado con las luces y colores de fuera. Una ilusión que da lugar al laberinto de aproximaciones.
Esforzándonos por encajar esta realidad subjeti-
va de la vida en la pecera, mientras flotamos en el
mar. Hay algo en nosotros que sigue latiendo y conoce la verdad. Al recuperar el vínculo con lo original, podremos sacarnos las peceras de la cabeza

poniéndolas al servicio de la unión para construir un barco y navegar hacia las tierras del corazón. Donde empezar a vivir una verdad coherente con lo original.

Encuentra tu pulso y agradece el latido

La mente solo necesita un rumbo, una dirección clara hacia la cual dirigirse, entonces todo el potencial de este procesador será dirigido hacia el Faro Polar, adoptando la configuración necesaria para ello. La dirección ha de ser hacia el estado de Deleite, es decir, por el sentimiento de cada célula de un sí rotundo.

El cuerpo ha de ser incluido por preferencia en cualquier toma de decisiones. Ante los enredos que la mente y sus múltiples aspectos pueden ocasionar, la respuesta del cuerpo y su inteligencia original es certera. Cualquier enredo que la mente esté tratando de solucionar ha de ser atendido desde el plano físico, a través de posiciones, movimientos, respiración y sonidos que apoyen cualquier proceso que se esté atravesando.

Hemos de evitar escaparnos con la mente donde el cuerpo no puede pasar, pues en ese caso sucede una disociación, una separación entre el cielo y la tierra y sin tocar tierra es fácil que nos volemos y que nada de lo que suceda sea real.

El cuerpo sostiene esta travesía y es la referencia de la inteligencia original más cercana que poseemos, la persona tiene unos pocos años, es totalmente inexperta, influenciable y manipulable por cualquier fuerza exterior. La inteligencia original del cuerpo funciona sin que la persona tenga que hacer nada, y menos mal, lo único que hace en muchos casos es servir de impedimento para el correcto funcionamiento de este. El cuerpo tiene sus tiempos, y por nuestro bien hemos de respetar, seguir e incluir los ritmos biológicos en cualquier proceso que estemos atravesando. *(ver página 138)*

Haz partícipe a tu cuerpo de los pensamientos e ideas que estés manejando y atiende a su opinión, el cuerpo conoce del presente más que ninguna persona en este mundo

Preparar el cuerpo, es tan importante como necesario en el camino al Faro Polar, para atravesar cualquier impedimento o llegar a lugares inexplorados. Para permitir el darse cuenta, es decir, el hacer consciente algo que permanecía oculto, para acceder a determinado contenido, es necesario disponer de un contenedor capaz de sostenerlo. Ese contenedor es nuestro cuerpo, nuestro templo biológico. Para actuar acorde a lo original, que a veces puede implicar hacer algo aparentemente difícil, salir de lo conocido o ir en contra de los círculos artificiales que habitamos, es necesario que el físico esté en sus condiciones originales. Un uso de todo su potencial, familiarizado con los límites reales para confiar que podemos atravesar cualquier situación. Que la xispa fluya libremente y tenga el suficiente espacio para acoger y transformar cualquier tipo de información a la que seamos expuestos.

Hemos de encarnar las frecuencias que resuenan con el Faro Polar. Sintonizar con esa posible línea en la que vivimos acorde a nuestra versión original y afinar nuestra posición, respiración y movimientos a esa realidad.

¿Cuál es la pregunta real?

Cada quien tiene el poder para vivir acorde a lo original en sí y es responsabilidad, derecho y deber hacer consciente y desmantelar todo artificio para hallar la lucidez que nos permita hacer los cambios necesarios y alinearnos al instante. Hoy es un día nuevo, hay una inercia que viene del pasado y pretende que ciertos actos se repitan una y otra vez, hoy es un día nuevo y con él me lleno de xispa para iniciarme en cada instante, sin obedecer a estas fuerzas ni rechazarlas, si no aprovechando la inercia de todos estos péndulos para hacer volteretas y sacar algo de cada empujón. Es muy difícil y arriesgado ir en contra de estas inercias que representan historias sociales y familiares instaladas en lo más profundo de nuestro inconsciente, aunque sí podemos reconocerlas y jugar a subir y bajar de ellas.

Es solo un juego, si te lo tomas muy en serio serás el hazmerreír. El juego aquí consiste en crear las leyes de tu propio juego, luego romperlas, cambiarlas y probar suerte. El juego aquí está en acceder al poder que te corresponde y renovarte a cada instante. Afinarte a lo original en ti. Lo original cambia sin parar.

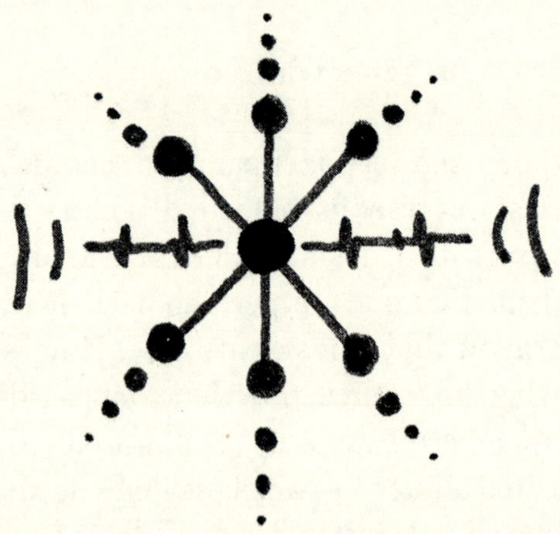

El propósito es llegar al estado de Deleite y proceder acorde a lo original. En una continua iniciación, ser quien crea a propósito tu propia historia, en la que eso que hay en ti que eres tú, recupera el control que los aspectos artificiales de la mente han usurpado. Tanto dentro como fuera, tanto arriba como abajo.

Los propósitos de la mente son peligrosos

El propósito original es acercarte a tu verdad y actuar desde esta. Para ello primero has de hacer un recorrido y desmantelar la mentira instalada en cada uno de los aspectos de tu vida. Adentrarse en lo desconocido, es algo tan temido como necesario. Aquello que te da seguridad también te encierra y solo al romper el caparazón que te proporciona la seguridad con la que te has acostumbrado a vivir que podrás acceder a todo el poder que te corresponde como instrumento de la sinfonía original.

Encuentra la llave para abrir puertas hacia nuevas formas de vivir y relacionarte con el entorno.

Tomar conciencia es darse cuenta

La luz del Faro Polar ilumina nuestra marcha trayendo luz al instante y fomenta el darse cuenta de ciertos patrones originados por situaciones no concluidas del pasado que se siguen presentando. Estos patrones son indicativos de misiones, con el propósito de poner en paz y concluir la historia que está ocasionando la repetición inconsciente de un acontecimiento una y otra vez.

Todas aquellas cosas que se repiten en tu vida te brindan la oportunidad de hacerlas conscientes y cambiarlas, si esa es tu voluntad. Lo que se repite una y otra vez te está dando información sobre un guion, un patrón que tienes instalado. Darte cuenta es el primer paso para poder transformarlo. Si ese patrón está siendo un impedimento en tu camino, al hacerlo consciente, podrás hacer una acción a propósito que cambie el guion que estabas utilizando hasta el momento. Una acción diferente traerá un resultado diferente. El primer paso es reconocer el patrón desde el cual estás actuando.

No hay otra autoridad que el incondicional latido de tu corazón. Eres autor de tu historia, autor de tu libertad. ¿Cómo puedes creer que la vida va en tu contra mientras tu corazón está latiendo?

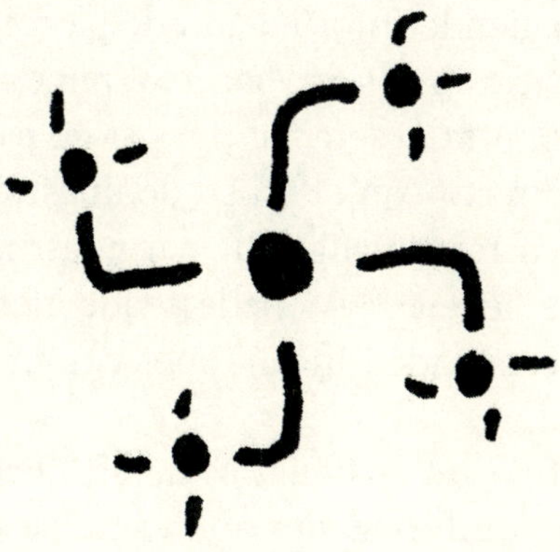

Tu logro es la conciencia, y saber que siempre
hay algo que está listo para hacerse consciente
en tu camino. Siempre hay algún
programa que precisa una actualización
para estar en coherencia con lo original.

Hay algo en ti que permanece inalterable, en el centro, desde donde se puede presenciar todo cuanto
sucede en cada dirección y ser testigo de la vida.
Es necesario habitar el centro para estar en contacto directo con la esencia, con eso que hay en ti
que eres tú y es solo desde ese lugar que puedes
acceder a la información del propósito original. En
caso contrario, de estar en cualquier otro lugar se

estará recogiendo información de patrones colectivos, lo que otros dicen, hacen o quieren hacer. Y aquí ocurre otra desgracia, pues si no estamos en contacto directo con el pulso de nuestra esencia, podemos correr el peligro de dar nuestra vida por una batalla de terceros, obedeciendo a una inercia ya establecida e identificándonos con un propósito artificial.

El propósito artificial es determinado por el exterior, por información que viene de fuera y la tomamos como nuestra propia causa. Propagandas, modas, idealizaciones e historias colectivas. Es fácil afiliarse a estos propósitos artificiales pues prometen todo tipo de lujos, comodidades y poder. Por otro lado el propósito original no promete nada, simplemente te ofrece el acceso a todo tu potencial para que puedas proceder con él en tu acción presente.

El propósito se cumple a cada paso.

El propósito artificial se basa en llegar a un lugar determinado, pues hay una creencia de que una vez llegado se encontrará la paz, mas es una trampa. Una vez llegado no será suficiente y habrá otra condición para la paz. Cuando se resuelva este problema habrá otro y luego otro. El propósito original te baña de paz para que sea desde esta que puedas actuar.

El propósito original es un camino de vida, el cual se realiza en cada situación de tu día. Un recordatorio que guía tus acciones generando coherencia entre tú y todo lo demás.

Muchas veces se sacrifica lo original para recibir una recompensa artificial. Aquí se trata de sacrificar la mentira, las expectativas y pretensiones de cualquier personaje al que nos hemos adherido y con ello dejar el espacio suficiente para que se exprese la verdad genuina.

Guerra de intereses

En el reino interior conviven diferentes aspectos virtuales, cada uno de estos aspectos tiene sus deseos y ambiciona tener el control para hacerlos realidad. Muchas veces estos habitantes del reino están en desacuerdo entre sí, se critican, juzgan y sentencian. Si nos identificamos con alguno de estos aspectos podemos caer en la trampa de excluir las necesidades del resto. Al no incluir a todas las partes del reino para tenerlas en cuenta en la toma de decisiones, nace el conflicto. Una gran cantidad de energía está siendo drenada para la financiación de esta guerra de intereses.

Una parte de ti quiere formar una familia y tener una casa y otra parte de ti quiere viajar por el mundo sin tener compromisos ni responsabilidades. Ya decidas formar una familia o irte a viajar, siempre va a haber un conflicto, pues una de las partes está siendo desatendida o excluida.

¿Qué has tenido en cuenta?

El Faro Polar recoge todas las aspiraciones de cada aspecto y los abraza con su luz para ponerlos de acuerdo y enfocados hacia un objetivo común. El Faro Polar es el último tratado de paz, por el cual la gracia de la música recupera la dirección del reino.

En el gira que te gira,
estar lejos del centro marea

La posición

La posición es la actitud interna o disposición que tenemos ante la vida. La posición se refiere al rol que adoptamos ante una situación determinada. Así como te posiciones será tu interacción en la experiencia. El centro es el espacio más próspero en el cual posicionarse, desde el centro estamos en contacto directo con lo original y podemos ser partícipes del propósito de la vida. Al actuar desde un programa estamos posicionados fuera del centro y difícilmente podremos tener la perspectiva suficiente para reconocer a todas las partes y poder incluirlas. Esto causa conflictos entre las partes y la financiación energética de esta guerra afecta directamente al flujo natural de xispa.

Ni en todo el espacio ni en todos los
tiempos hay nada tan importante como
esto que estás haciendo. ¿Cómo te
posicionas para continuar leyendo?

¿Desde dónde?

Eres cuerpo, eres mente y eres eso que hay en ti que
eres tú. El cuerpo sostiene esta tu experiencia, templo de eso que hay en ti que eres tú, contenedor de
la mente. La mente capta y procesa información. En
la mente se hallan instalados diferentes programas
y aplicaciones destinados a cumplir una función determinada. Normalmente actuamos desde estos programas y subprogramas, casi siempre sin ser conscientes ni poder controlarlo a propósito. Simplemente
se activan automáticamente y de repente nos vemos
actuando desde estos. Los programas que llevamos
instalados, ya sean heredados, adquiridos o colectivos, son realmente útiles para sobrevivir en la sociedad pasada y presente. Podemos actuar toda nuestra vida perfectamente desde estos programas que
adaptan nuestra expresión a círculos artificiales, mas
hemos de tener en cuenta que muchos de estos, son
disonantes con lo original y por lo tanto nos enferman y drenan xispa.

Aquí el juego reside en saber desde dónde estamos actuando en cada momento. Es decir, cuál es nuestra posición. Hagas lo que hagas sé consciente desde donde lo estás haciendo. ¿Desde el centro? ¿Desde el cuerpo? ¿Desde la mente? ¿Desde qué programa? El objetivo es jugar con los programas y volver al centro varias veces durante el día para recordar lo original. El centro es hogar de eso que hay en ti que eres tú y el cuerpo es un intermediario entre la mente y ello.

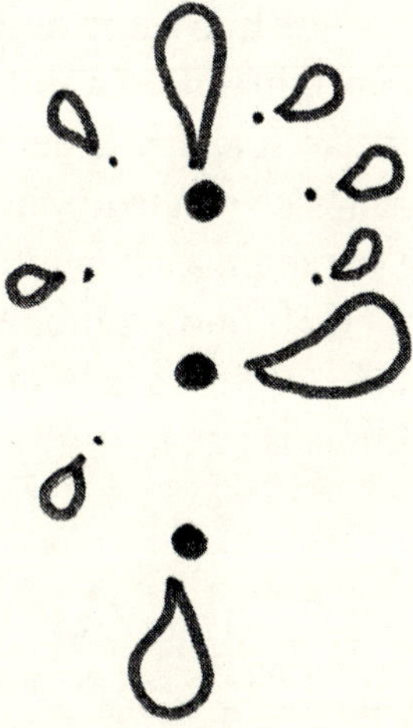

Al conectarse con eso que hay en ti que eres tú te enchufas a la red universal y puedes disponer de toda la información y el potencial que se encuentra disponible en el universo. Tú decides si quedarte jugando con los programas ya instalados o conectarte a la red. Desde luego, es mucho más seguro quedarse con los programas conocidos. Cuando actúas desde eso que hay en ti que eres tú, se abren caminos inexplorados, caminos de iniciación.

Si estamos en el cuerpo, es decir, que nuestra atención está desplegada por cada rincón de este, tendremos acceso al impulso original que anhela enchufarse a la sinfonía universal. Por lo general pocas son las veces que uno actúa desde el cuerpo, sin que el impulso original no sea filtrado por «lo que debe ser», normas sociales, creencias adquiridas, programas basados en el miedo y demás círculos artificiales. Este paradigma repercute negativamente en el cuerpo y en el flujo natural energético, al no tener en cuenta lo original a la hora de proceder con cualquier acción cotidiana.

Para honrar la vida y su propósito,
basta con vivir acorde a lo original en ti,
en coherencia con tu universo interno.

Nos podemos llegar a creer que somos individuos separados del resto del universo

El agua se transforma continuamente, en su iniciación constante, puede formar parte de un ser humano como puede estar en la humedad del ambiente. Uno puede llegar a creer que sus ancestros son algo separado de sí, que lo que vivieron, sus historias y aprendizajes murieron con ellos. Así como el agua de la vasija puede creer que es algo separado del río. Pero tiene la misma composición, minerales y contaminantes.

Nosotros somos ellos. Un cuerpo que atraviesa el tiempo y el espacio, transformándose a su paso, registrando y transmitiendo información.

Mucho de lo que nos ha sucedido y está sucediendo en este momento es consecuencia de las historias de vidas pasadas. Solamente en los anteriores 20 generaciones tenemos un millón de vidas pasadas. Todas esas vidas son tus vidas, eres la continuación, memoria, genética y emoción.

Muchas de estas historias pasadas no están en paz y se manifiestan una y otra vez repercutiendo negativamente en nuestra vida y entorno.

La misión aquí es poner en paz esas historias. Todo lo que llega a ti, todo lo que se presenta en tu día, toda disonancia, todo conflicto, es tu responsabilidad. Ese conflicto no es la primera vez que se genera, ya fue concebido anteriormente, viene de vidas pasadas, sus historias y deudas pendientes. Al resolverlo en ti, al poner esa historia en paz estás actuando directamente sobre el buen vivir de la humanidad presente y futura. Al resolver un conflicto aparecerá otro y otro, así que tomárselo como un juego es una manera efectiva para lidiar con esta misión. Cada vez con más fluidez, reconociendo lo original en ti, tu autenticidad, para darte cuenta cuando estás actuando desde ti o siendo víctima de una historia cuyo origen es pasado a tu nacimiento.

Así como hay historias disonantes que buscan ser resueltas también hay joyas, cualidades y herramientas que las vidas pasadas han forjado para el buen vivir. Tanto unas como las otras han de ser recordadas, es decir, volver a pasarlas por el corazón para honrar esta herencia y poner a cada cosa en su lugar.

Transforma al humano en ti, el camino del corazón es tu única contribución. Lo que hagas en ti, lo que quites o pongas en ti, es tu contribución al buen vivir de la humanidad presente y futura.

Restauración

Cada vez que te pilles con miedo, lástima o juzgando, aprovecha la oportunidad de hacer consciente el origen del patrón que te lleva a posicionarte en ese lugar en el que piensas y sientes de tal forma. Estos patrones están ligados a historias pasadas que nunca acabaron, historias interminables que tú no has iniciado. Para iniciar tu propia historia has de cerrar todas las historias ajenas que habitan en ti y es desde el darse cuenta y tirar del hilo que se hace consciente el origen para desde este, cerrar tal historia con una acción que proclame tu consciente decisión de inicio.

Cambia de posición para ocupar el lugar que te corresponde, en el trono del estado de Deleite. Al posicionarse en un nuevo lugar, se crea un vacío en el espacio que se ocupaba y la xispa se reorganiza ocupando tal vacío, restableciendo el flujo original. El centro es el único espacio desde el cual no se interfiere en el fluir de la xispa.

Al posicionarse fuera del centro, es muy posible que se esté actuando en base a patrones antiguos que rigen la percepción del mundo, la interpretación, las reacciones a sus estímulos, las predicciones de futuro, la toma de decisiones, los objetivos y las estrategias para conseguirlos. Fuera del centro uno puede verse condicionado por inercias del pasado, y es aquí donde está la gracia del juego, en adentrarse a explorar el círculo, adentrarse en cada rincón y experimentar todo color e intensidad para reconocer los programas que se activan en cada lugar. Al reconocer un programa que esté siendo un impedimento en el camino hacia el Faro Polar, hacia la versión original, se precisa hacer una rápida maniobra de reforma. Regresando al centro inmediatamente y posicionarse ante el universo para dejar espacio y que este patrón muestre claramente la función original que está desempeñando. La misión de estos programas es asegurar la supervivencia, conectados a memorias pasadas. Al reconocer y agradecer su función, los programas quedan desarticulados y tras una reverencia se despliegan para ser sometidos a una reprogramación. Este es el momento de imprimir los códigos que son coherentes con tu verdad presente. Desde este espacio vacío, donde todo es nuevo, procede con una acción simbólica, una acción fuera de programa que reescriba la información. Deja que eso que hay en ti que eres tú, proceda en este movimiento. Acomódate a tu versión original y recuerda los elementos que te sirven y conforman y las fuerzas que actúan sobre ti provenientes de cada dirección. Respira y sáciate hasta lo más profundo, exhala y actúa tu verdad.

**El objetivo aquí es jugar con los patrones
y no que los patrones jueguen contigo**

Lo original está cambiando, cada segundo. Podemos distinguir los círculos artificiales o programas artificiales, pues pretenden fijar una manera determinada de hacer o responder ante algo, sin tener en cuenta el instante sinfónico. Mientras habitamos el centro, estamos siendo testigos de una iniciación constante. Cada momento es realmente una novedad, una iniciación en la que eso que hay en ti que eres tú, procede creativamente en el desarrollo de tu historia (*ver página 166*).

Centro vacío creador

Entre lo que pensamos y queremos, entre lo que decimos y escuchamos, entre a dónde vas y de dónde vienes, se encuentra el centro. El centro es el punto de encuentro, donde se reúnen los opuestos, donde convergen los ejes, espacio sensible y neutral en el que habita eso que hay en ti que eres tú, testigo de la vida. Desde el centro puedes escuchar a cada parte, darte cuenta de todo lo que está sucediendo simultáneamente, tanto dentro como fuera, por la izquierda y por la derecha, testigo de tus pensamientos y sensaciones, del aire que entra y sale por tu nariz y de cualquier movimiento perceptible. Desde aquí te das cuenta de que nada de eso eres tú y por lo tanto nada de eso te va a ofrecer la información directa sobre el Faro Polar, simplemente repeticiones o ecos que te traen información de cada dirección. La importancia de habitar el centro reside en evitar identificarse con aspectos o historias que no son originales en uno. Habitar el centro nos da la oportunidad de jugar nuestra propia partida y experimentar nuestra propia historia.

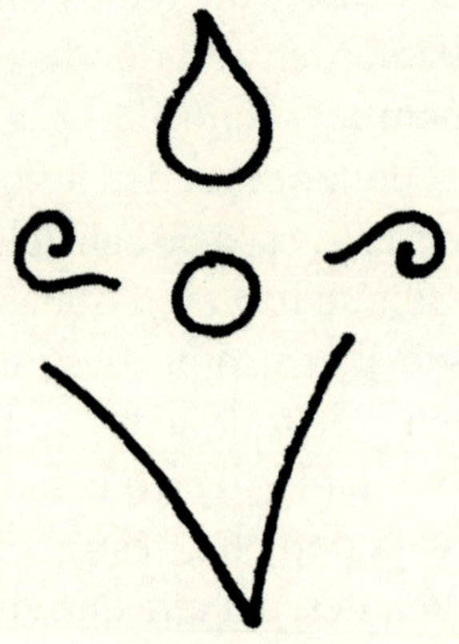

Hay algo en ti que eres tú
Esencia
Ni se crea ni se destruye
Permanece
Ni persigue ni huye
Presencia

Volver al centro

Posicionarse ante el universo y realiza tres respiraciones como si fuesen las primeras o las últimas. Sonríe ligeramente y visualiza una bola en tu entrecejo bajando y otra en tu bajo vientre subiendo hasta el centro de tu pecho, donde señalas cuando dices «yo». Hállate aquí en este espacio sensible y neutral donde se reúne la izquierda y la derecha, arriba y abajo, adelante y atrás. Centro vacío creador, desde donde puedes darte cuenta de todo lo que está sucediendo en la simultaneidad y ser testigo del propósito original, ser testigo de la vida a través de ti. Simplemente observando tu respiración, las sensaciones de tu cuerpo, como aparecen, se desarrollan y desvanecen tus pensamientos, los sonidos de tu entorno, la temperatura, olores… etc. Incluye todo ello en tu observación, date cuenta de todo lo que puedas darte cuenta en este instante. Este ensanchamiento hace que te conviertas en átomo, en sangre, en el sol y sientas la creación a través de ti. Esto facilita que te sintonices con el propósito original, al ser testigo de este, puedes conocerlo, al conocerlo puedes amarlo y al amarlo, puedes participar.

Familiarízate con el estado de Deleite hasta que puedas acceder realizando una sola respiración.

Ofrécete un instante cada día, tantas veces como desees para explorar la posición en la que te encuentres más presente, en la que puedas tener consciencia de todas las partes que te componen. En la que tu respiración fluye sin impedimentos y tu voz aflora con toda su potencia. Una posición en la que experimentas una sensación de paz y satisfacción. En el punto medio entre la relajación y estar a punto de saltar al mar desde un acantilado.

Testigo

Al posicionarse en el centro, se activa automáticamente el testigo. Habitar el centro o activar el testigo nos permite darnos cuenta de todo lo que está sucediendo en todas las capas de la simultaneidad. Experimentar el presente sin descripciones, directamente como si estuvieras disfrutando de una película. El instante se expande. Puede que la película se ponga emocionante, que te asustes, que sientas dolor, que te aburras, mas solamente es una película, al estar en el centro o testigo podemos tomar distancia de todos esos estímulos que nos apegan a lo que percibimos. Al habitar el centro podemos dejar de identificarnos con esta película. ¿Crees que solo está pasando lo que ves? ¿Hasta dónde llegas a ver en esta película? En lo sutil, en lo micro también está sucediendo. Tu atención dirige la escena. Presencia lo concreto, el detalle, un pelo moviéndose, a la vez que presencias lo absoluto, la totalidad, el universo y su movimiento. Desde el centro podemos darnos cuenta de que no estamos separados del movimiento cósmico y que más vale que nuestros pasos acompañen este baile.

Vuelve al testigo, para que la emoción no te lleve descontroladamente y hazte consciente de la fuerza que te está atravesando para navegar a propósito esta inercia. Desde el centro, cualquier detalle es reconocido por su origen, el testigo no aísla nada, ninguna pieza está separada del puzle.

Desde el centro todo es experimentado, sin apropiarse. El espacio vacío entre tú y lo que te pasa permite identificarte con el testigo.

Respira la sonrisa,

entra al estado

de Deleite.

Cierra los ojos y mira

en toda dirección

simultáneamente

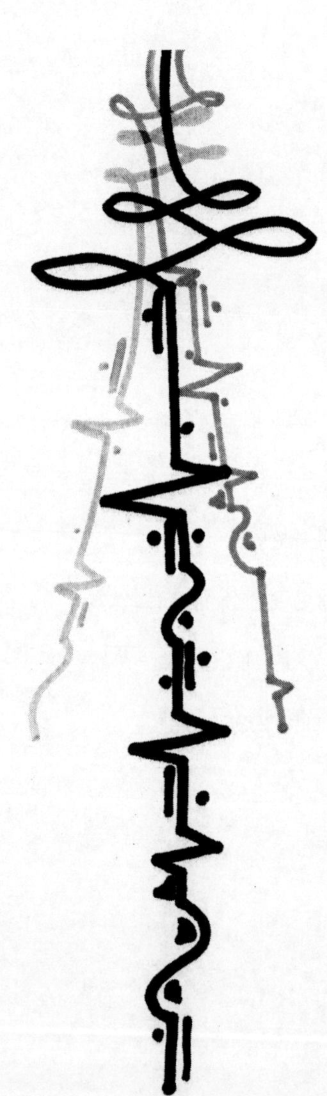

Lo original té es familiar

Aquello que te posiciona en tu versión original, lo puedes realizar en cada momento, en cualquier lugar, sin necesidad de nada en especial, utilizando lo que hay ahora y aquí, solo depende de ti.

¿Qué puedes ofrecer al instante? Date cuenta de que ya lo sabes, ya lo has hecho muchas veces, queriendo o sin querer. Cuando tu personaje se ha despistado y ha bajado la guardia el impulso original ha emergido de las profundidades y se ha manifestado a través de ti. Ya lo conoces, esa sensación es familiar, la expresión del propósito original, lo que haces desde el Deleite.

El propósito original es algo tan natural en ti como respirar, lo hiciste desde siempre, nada que tengas que esforzarte para encontrar. Puede que pocas veces lo hicieras consciente o puede que te la pases en apnea, respirando lo mínimo para poder sobrevivir. Cuando te des cuenta, realizarás una respiración consciente, saciándote hasta lo más profundo y amando el aire que entra por tu nariz, entonces exhalarás bendiciones hacia toda dirección.

Por la alineación con el propósito original, podrás llegar a mover montañas. El propósito original no es nada personal, nada que hayas aprendido en un curso y desarrollado, si no algo que sucede a través de ti y tu misión es darle espacio y canalizarlo para ponerlo al servicio de tu mundo. La misión es permitir la conexión libre entre eso que hay en ti que eres tú y tus acciones, o más bien permitir la acción específica que eso que hay en ti que eres tú ha decidido para embarcarse.

Eres poesía viva

Tu obra maestra es el ser y estar. Cuida los colores con los que te mezclas, una sola gota te puede tintar. Uno de los logros en esta tu obra maestra bien puede ser mantenerse transparente para que así cualquier sutil expresión pueda ser apreciada. Andamos con un velo que nos cubre y también filtra nuestra mirada, si tal velo es opaco difícilmente puedes ver ni ser visible. Este velo es lo que llamamos personalidad, el personaje en el cual has decidido incorporarte y desde el cual interactuar con la realidad. Ocúpate de tu obra maestra, solo desde la quietud se inicia el movimiento, solo desde el silencio se puede hablar, solo escuchando se puede responder, eres la palabra y lo que haces es acentuar.

Simplemente hazlo, sin más, sin decir que lo haces. ¿A quién quieres impresionar?

Ya eres impresionante, un ser orgánico, pránico y único. ¿Ahora qué? Ya nos has impresionado, con tu ser y estar, así sin más, desnudo, sin nudos ni tejemanejes. A partir de aquí, partiendo del «to be», eres libre de jugar.

Siente el apoyo de tu yo del futuro, cómo te guía en este camino. Ilumínate, sirve como luz de faro para tu yo del pasado. En esta trenza del tiempo, el pasado y el futuro se juntan en el presente, sincronizados por un mismo motivo, por una misma luz. Unión de los centros, unión de los tiempos por el propósito original.

Mantener la coherencia

Lo que aquí se trata de conseguir es la alineación, que la mente y la acción se sintonicen con el corazón y se genere una coherencia. Lo único y más importante que uno puede hacer por sí y por el mundo que habita es entrar en coherencia y mantenerla. Pues desde este lugar todo lo que haga será lo que se precise en cada instante, actuando como presencia silenciosa, jardinero de su mundo, guardián y representante de la vida.

Da igual lo que hagas solo importa desde dónde lo haces

Si estás en el estado de Deleite, es decir, que el corazón reina la marcha, estás en sintonía con el entorno, el planeta y el universo, y este es el lugar en el cual se te precisa para hacer lo que haces en cada momento de tu vida.

De cada situación, de cada experiencia queda un registro, una memoria que permanece. Si esta situación ha sido experimentada desde el Deleite la memoria será una memoria de Deleite y estarás participando directamente en la creación de un colectivo con una memoria histórica basada en la gracia de la música. Pase lo que pase, veas lo que pienses que estás viendo, mantente incondicionalmente en el estado de Deleite. Lo que ves, solo es tu interpretación de la realidad, cuida de no cerrar las puertas a la gracia de la música por una ilusión autoinducida.

Solo conociendo se puede amar y solo conectando se puede conocer. Para conocer el mar no basta con analizar muestras, leer sobre el mar o hablar de este. Para conocer el mar hay que sumergirse en él.

Al conectar con algo o alguien comienzas a conocerlo y al conocerlo puedes amarlo. No hay nada que pueda ser más peligroso que actuar sobre algo sin conocerlo. Para actuar antes hay que amar, para amar hay que conectar y para conectar hay que estar disponible. En caso contrario mejor no hacer nada. El Deleite se encuentra en el fino hilo en el cual procedes libremente sin impedimentos, ni el juicio ni el miedo ni la lástima se entrometen entre tus movimientos.

**El desconocimiento de las leyes originales
no exime de su cumplimiento.**

Conozcas o no conozcas, actúes consciente o inconscientemente, vas a tener que responder ante el efecto que tus acciones y no acciones tienen sobre el mundo que habitas. A todos los niveles, no importa, si es visible o invisible. Eres responsable de cumplir la ley original, la conozcas o no. Es tu derecho y deber conocer las leyes de la creación.

El juego aquí está en desarrollar los potenciales durmientes

Eso que más te cuesta, lo que nunca haces, es con lo que más puedes crecer. Puede suceder que tus dones innatos hayan sido sepultados y se encuentren atrapados por una resistencia formada de múltiples justificaciones. Puede que aquello que más te cuesta hacer, te esté indicando el rumbo hacia el cual dirigirte. Aquello que te invita a dar un salto de confianza hacia lo desconocido puede activar el potencial original que se halla latente en ti.

El miedo por el cual no te permites hacer lo que es original en ti, puede nacer del rechazo que piensas que ocasionará en tu entorno cercano. Múltiples son las situaciones en las que traicionamos a lo original por pretender ser aceptados por el círculo social y familiar al que pertenecemos. Es tanto el respeto hacia lo que creen nuestros semejantes o antepasados que hemos de hacer y la idea que tienen de nosotros, que nos es muy difícil actuar de otra manera. Es importante tener el suficiente poder para actuar en coherencia con lo original en nosotros, aunque ello implique el rechazo de los círculos artificiales que habitamos.

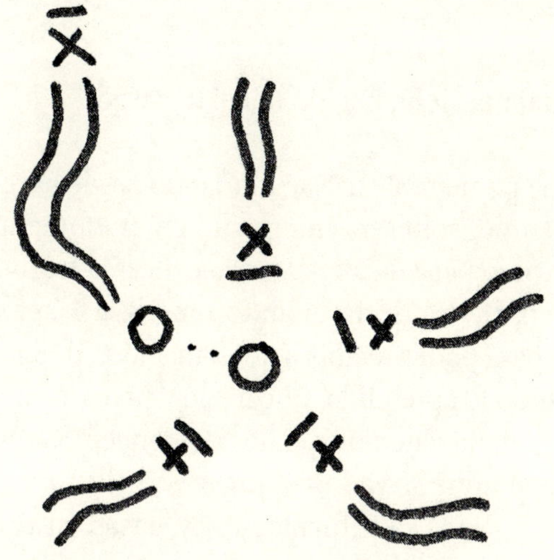

En el camino irás recibiendo
información según tengas la
capacidad de recibirla. Si tienes las
manos llenas difícilmente podrás pillar
las joyas que se presenten. Las puertas
se abrirán conforme vayas pasando las
pruebas que las desbloquean y nueva
información aflorará, disponible para
que la hagas parte de ti.

Si te baja la ficha has de hacerte cargo

Aunque un mensaje te esté rondando desde hace mucho tiempo, solo será integrado, en el momento en el que tu experiencia resuene acorde a la frecuencia del mensaje, es decir, cuando tengas la xispa suficiente para poder recibir la información. Tu deber es sellar todo lo aprendido, integrarlo y ponerlo en práctica. De nada vale tener miles de conceptos revoloteando si no te sirven para jugar con ellos.

Si te llega la información y pasas, si te traicionas, si haces la excepción, estarás rechazando la oportunidad. Una vez te des cuenta, una vez recibas el mensaje y lo hagas parte de ti, has de hacerte responsable, y respetar lo que hay en ti. Utiliza el poder de la honestidad y el del rigor para ser coherente con los códigos que se desvelan y activan en este momento. Que tu posición cambie conforme los nuevos códigos se activan. No permitas que inercias y antiguos patrones te impidan atravesar esta puerta rumbo al Faro Polar. Haz lo que tengas que hacer para disolver el estado de indiferencia que te lleva a evadir lo que sabes que tienes que hacer.

Si lo sabes es tuyo, parte de ti. Respétate y cuida de ti, de lo que hay en ti.

Honestidad, la llave que abre puertas

Siempre hay testigos, honra a todo lo que te precedió en cada decisión, al nacimiento de la vida, a lo original, al presente, pasado y futuro, al espacio que te acoge, a los elementos que te sirven y conforman. Date cuenta, no estás solo en este baile, formas parte de todo, ¿cómo te posicionas? Al darte cuenta realmente de esto se acaban las medias tintas y los palos de ciego, para dar espacio a la precisión y rotundidad de la vida en cualquiera de sus expresiones.

Tú, maravilla flotante en el universo, hijo de lo original. ¿Cómo te atreves a callar por miedo al qué dirán? ¿Cómo te atreves a pensar que puedes fallar? ¿Cómo te atreves a no atreverte? ¿Dónde te has metido? ¿Acaso has olvidado el baile de lo inevitable?

¿Sabes lo que estás haciendo?

¿Crees que alguien de los que tienes alrededor sabe lo que está haciendo?

Realmente no sabemos que estamos haciendo. Ni la menor idea. Hacemos como si supiéramos, como si estuviésemos seguros, para intentar mantener la calma. Solo nos queda que rendirnos a lo inevitable, ser canales del Deleite y actuar ahora. Nada más importante como lo que ahora estás haciendo, lo único que existe. Fácil leerlo pero a veces, difícil entenderlo. Cuando lo entiendes, cuando haces esto parte de ti, te quitas el peso del pasado y del futuro para jugar el presente de una forma totalmente creativa y ágil.

Los planes solo son pretensiones de poder tener el control sobre algo. No tenemos el control, el control nos tiene y al mismo tiempo, todo está en nuestras manos. Las manos no entienden de futuro ni de pasado. El movimiento es siempre presente.

Lo único que podemos hacer en el momento presente es utilizar todos los recursos que tenemos disponibles para participar en la sinfonía original y deshacer toda forma de corrupción. La corrupción es un mal uso o uso indebido de todo aquello que poseemos. Para llegar a ciertos lugares es imprescindible entrenar el arte de máxima eficacia con el mínimo esfuerzo, es decir, alcanzar la maestría del uso de la xispa. Lo podemos ver en la naturaleza, e incluso en nuestro cuerpo. Solo hay que sintonizarse con lo original. Son las pretensiones y el movimiento descontrolado impaciente lo que provoca un gasto desmesurado de xispa para un resultado poco relevante.

Sintonizar con lo original conlleva cambiar la configuración para usar en vez de gastar. Mínimo esfuerzo para un máximo resultado. Solo de esta forma podemos llegar a las altas esferas del mapa humano.

Tienes en ti regalos para el mundo que habitas, no dejes a tus contemporáneos sin esos regalos. Tu perspectiva y tu expresión son únicas y necesarias. Entrégate, regálate al mundo, regálate a la tierra, al cielo y a toda dirección.

Tenlo presente

Saber dónde estás y a dónde vas es esencial. Por el camino encontrarás todo tipo de experiencias imprevistas, regalos y oportunidades de desviarte para conocer lugares próximos al camino. Saber dónde vamos y tenerlo presente nos brinda el poder para no quedarnos atascados en ninguna estación de este recorrido. Es cuestión de priorizar y poner límites, ser consciente de cuando la experiencia se ha completado para seguir rumbo al destino.

Despacio. Ir despacio

es la manera más rápida

de llegar. Despacio para

hacer espacio y que

suceda lo que tiene que

suceder. Despacio para

captar los cambios que

suceden dentro y fuera.

Despacio para que surja

la oportunidad, el regalo

del instante, el baile del

presente.

Al Faro Polar se llega en cada paso

¿Le pones condiciones al estado de deleite?

¿Qué condiciones te pones para estar en paz?

El propósito original te brinda todo lo que necesites para que ahora estés en paz, para que estés en el estado de gracia incondicionalmente, pase lo que pase en el exterior. ¿Rechazas tu estado original si no pasa lo que te gusta? ¿A quién no le gusta?

Si te identificas con cualquier cosa que esté fuera del centro, acabarás teniendo problemas. Si te identificas con algún aspecto diferente a la gracia de la música te invadirá la insatisfacción. Si eres el mar y te identificas solo con la superficie, te sentirás incompleto y siendo víctima de la agitación que te causan las profundidades de este. Si eres el mar, eres el mar, y este está tanto en las nubes del cielo como en la más oscura profundidad. Si eres el mar, las estrellas se reflejan en ti y eres movido por las influencias de la luna. Aunque lo que eres, no es lo que hay en ti, si no el espacio vacío que acoge a todas las posibilidades en su interior. Eres la vida en su máxima expresión.

Lo que se busca no puede ser si no paz, si esta paz depende del mundo externo, ya la hemos perdido. Si hoy pones una condición para estar en paz, mañana habrá otra. El mundo que habitas está en constante cambio y nada permanece tal y como está. El centro es el único lugar inalterable, único lugar próspero e incondicional, lo que siempre ha estado y estará. Para sentirse incondicionalmente en paz, hemos de identificarnos con este espacio neutral, conciencia atemporal, el estado de Deleite del que todo ser viviente forma parte, la primera y última absoluta verdad, origen de todas las cosas.

Haz lo que no te gusta como lo que más te gusta. Encuentra eso que haces desde el Deleite y haz lo mismo en todos los aspectos de tu vida. Si te encuentras en todo tu poder cuando bailas, vive como bailas y baila como vives.

El Faro Polar ilumina tu presente

Una de las trampas más peligrosas es la idea de llegar a ser. El peligro de la idea de llegar a ser reside en el rechazo de lo que se es y la proyección de xispa y atención para llegar a ser otra cosa que no se es. Este conflicto crea una separación entre lo que se es y lo que se cree que se ha de ser, generando todo tipo de disonancias que alejan a uno de su estado original.

El estado de Deleite nos viene a enseñar que no hay nada que llegar a ser, si no que ahora eres todo lo que puedes llegar a ser. El Faro Polar viene a establecer un puente luminoso entre tu verdad y tu acción, para que cada movimiento surja desde la creatividad del ser. La mente es un simple procesador y la última en llegar, la más nueva e inexperta en el juego, por ello jamás puede serle permitido la toma de control de nuestras vidas. Hay algo en ti que eres tú, y sabe lo que hacer, tiene los códigos que conforman las instrucciones de tu vida. La mente adapta e interpreta estas instrucciones dependiendo de los diferentes intereses de cada uno de sus aspectos.

Si un aspecto artificial toma el control, el recuerdo de lo original queda distorsionado. Cuida tu mirada de luces artificiales que puedas confundir con el

Faro Polar. Cualquier promesa futura es indicativa de luces artificiales, ilusiones de chamucos que pretenden alejarte del centro. Luces hacia caminos que te prometen cumplir todos tus deseos, a cambio de que sacrifiques tu vínculo con lo original y ofrezcas toda tu xispa. En el camino hacia estas luces artificiales nunca se halla la paz, nunca es suficiente. Añadiendo cada vez más complementos, la esencia se deja de intuir, perdiendo el sentido de quién eres.

¿A qué o quién sirves?

El logro sucede en este momento. Si diriges toda tu xispa hacia un destino final, la xispa será dirigida, drenada y absorbida por el horizonte, dejando el momento presente sin la xispa suficiente para poder percibir y atravesar las pruebas que se presentan. En vez de ofrecer tu xispa al Faro Polar, permite que este, ilumine tu marcha y te brinde la xispa correspondiente al sentimiento que representa para que puedas utilizarla en este instante.

El paso que estás dando ahora y aquí determina el porvenir

Lo único que puedes hacer si el futuro te preocupa es respirar conscientemente e implicarte totalmente en esta situación. Actuar a propósito asegurará un futuro próspero. Permite flexibilidad y a la vez rigor en tu camino hacia el Faro Polar para adaptarte a los cambios que se puedan producir y continuar con la firme convicción de que estás obedeciendo al motivo por el cual respiras.

La suerte nunca va en tu
contra o a tu favor, tú eres
quien va en contra
o a favor de la suerte.

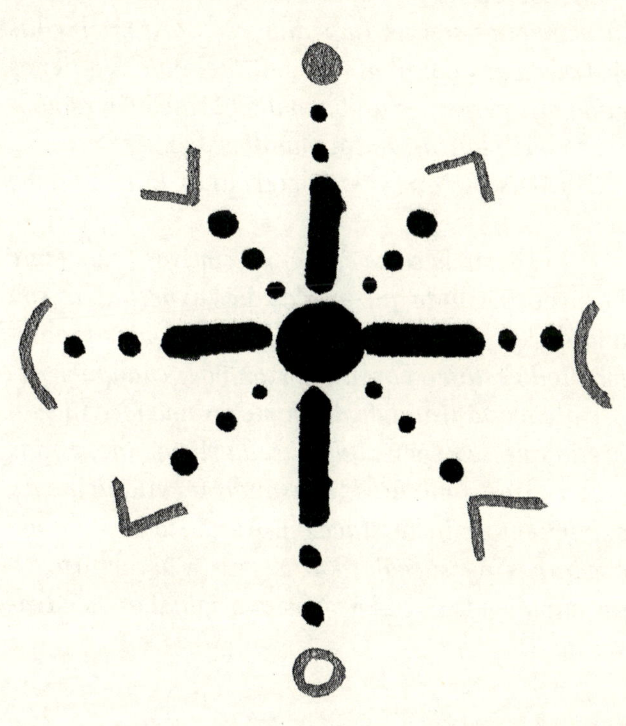

Tratar de planificar lo más beneficioso para ti es inútil. ¿Lo más beneficioso para quién? ¿Quién planifica? Hay un plan y este forma parte del propósito original, cualquier plan que pretendas imponer es realizado desde un aspecto artificial. Estos planes que impones son un impedimento para recibir las instrucciones del plan original. Relájate, no tienes nada que perder, es un buen día para morir, tampoco, tú que planeas tanto, planificaste nacer.

¿Acaso te atreves a determinar lo que «debe ser»?

Evita a toda costa crear expectativas y mantente lo más expectante que puedas. Las expectativas son una de las principales causas de cualquier problema. Todo está en constante cambio y cualquier expectativa está tratando de mantener una idea fija sobre lo que se espera que suceda. Estas ideas fijas crean estancamientos, causando inevitablemente sufrimiento e insatisfacción. Al no suceder lo que esperabas que sucediera, te cierras, y al cerrarte estás impidiendo que el propósito original fluya a través de ti.

Evita crear expectativas, decide el qué
y deja que el juego se encargue
del cómo y cuándo.

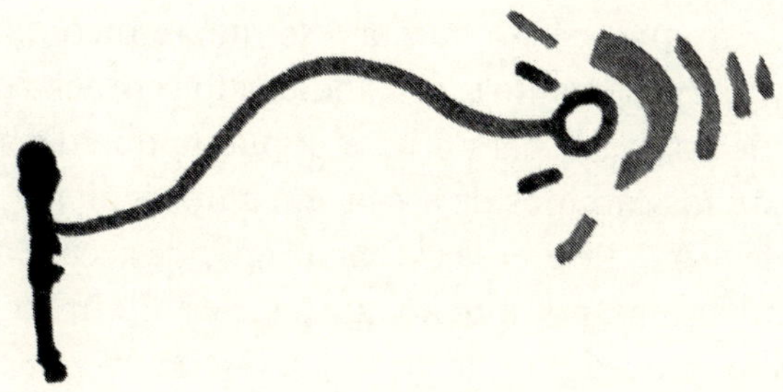

En cuanto encuentres el rumbo que lleva al faro, el camino te invitará. Sabrás que es un rumbo certero pues todo, aunque sea nuevo, te resultará familiar. Recuerda que el camino se hace al andar. Pasos para fuera, camino hacia lo más profundo de ti. Contempla el horizonte, encuentra el Faro, te están ayudando, alumbrando el camino, sigue caminando.

Cuando descubres el Faro Polar, ya sabes lo que hacer, sin titubeos, ni medias tintas, es imposible que no lo hagas. La ilusión del libre albedrío desaparece y te das cuenta que la decisión está tomada. Aunque te salgas del camino tendrás que volver a él. Por el camino encontrarás distracciones que prueban tu poder de discernimiento y placeres inmediatos que te alejan del propósito. Date cuenta del precio que has de pagar por permitir una satisfacción momentánea cuando está en disonancia con lo original en ti.

Eso que más te cuesta, eso que te incomoda, muy probablemente te está indicando la prueba que has de atravesar para cruzar la puerta que desbloqueará los caminos de ascensión a un siguiente nivel de juego. Recuerda el Deleite en cada acción que te embarques, por mucho que parezca diferir con el rumbo, procede con la gracia, la intención y la certeza de que estás rumbo al Faro Polar.

Si viene la ola no te resistas, ríndete

Deja de luchar con la fuerza que actúa sobre ti

Conviértete en aquello con lo que luchas

Si tienes frío, conviértete en frío

Conviértete en aquello que te asusta

Si te asusta el vacío, conviértete en el vacío

Encuentra el hilo del camino y tira de él

El camino estará lleno de desafíos y tu confianza en eso que hay en ti que eres tú, se pondrá a prueba. La comodidad y el confort de lo conocido te intentarán sabotear la partida. Tendrás que ganarle a la indiferencia usando la afilada cuchilla del motivo original y adentrarte en el reino de las sombras para encontrar las joyas perdidas en la oscuridad.

Vuelve al centro tantas veces como recuerdes y entra en el estado de Deleite, que te ofrece la oportunidad de ser tu versión original. En este momento y siempre.

Conócete y sabrás quién eres.
Si sabes quién eres sabrás que quieres

En el camino abraza como prioridad conocer sobre ti, tus poderes, cualidades, reacciones, potenciales latentes y ángulos muertos. Al abrazar esta prioridad, sucede una constante afinación y optimización de las funciones de cada departamento. Descubre qué te da xispa y qué te la quita, tapa los agujeros por los que hay pérdidas y utiliza tu moneda para ensalzar la belleza de tus cualidades innatas.

Lo más emocionante en la ruta dirección al Faro Polar es que no tienes ni idea de lo que va a pasar

Aunque creas que estás de mala racha, la suerte siempre te acompaña. Si te sales del camino, olvidando tu poder y cualidad, lo original, que está siempre presente, te ofrecerá pequeños toques para que vuelvas a tu línea original. Oportunidad de calibrar. Si permaneces aferrándote a ese lugar, círculo artificial, los toques aumentarán su intensidad. Por mucho que creas que estás obteniendo logros, si no van en dirección al Faro Polar, estarás alejándote de tu línea original. Si vas en contra de tus capacidades, si olvidas tu poder, inevitablemente sufrirás. El camino de la amargura se extiende en dirección contraria al del disfrute de hacer lo que haces y realizar tu misión.

Todo es cuestión de perspectiva

Nada está mal ahí fuera, si algo te parece disonante, cambia tu perspectiva. Todo es cuestión de perspectiva, si algo no te funciona, cambia de perspectiva y desde esa nueva perspectiva prueba de nuevo. Entrénate en el juego de cambiar de perspectiva. Uno de los principios de la vida es la eficiencia y emprender la peligrosa hazaña de cambiar el mundo supone un gran gasto de xispa, es mucho más eficiente cambiar la perspectiva que tienes sobre el mundo, entonces el mundo cambiará.

Pretender cambiar el mundo es peligroso, las mejores intenciones de hacerlo causaron grandes daños. ¿Desde dónde pretendes cambiar el mundo? ¿Quién quiere cambiar el mundo? ¿Qué te hace pensar que el mundo necesita cambiar? ¿Pretendes cambiar el mundo para que este te acepte? El mundo está cambiando constantemente, lo original está cambiando constantemente y tú formas parte de ello, tú cambias con el mundo y el mundo cambia contigo. Si percibes que el mundo necesita un cambio, eres tú quien tiene que encarnarlo, si lo ves, es tuyo, te incumbe. Decirlo o delegarlo está haciendo esto largo.

Los límites hacen posible la existencia de cualquier cosa

Eso que hay en ti que eres tú no tiene límites, más en esta tu partida en el mundo de la materia, sí que hay límites y es preciso conocerlos para poder focalizar la xispa infinita del estado de Deleite y concentrarla para poner rumbo al Faro Polar. Al ser consciente de los límites uno puede priorizar.

La vida es incierta, la muerte es segura

Tu tiempo en esta vida es limitado. Darte cuenta de que vas a morir te facilita reorganizar las prioridades y deshacerte de todo lo innecesario. Al tener presente a la muerte, esta se convierte en la mejor aliada y consejera para moverte, hablar y proceder como si fuese la última cosa que haces sobre este mundo. La muerte te enseña a dejar espacio a lo realmente significativo. Lo que no te hace sentir no tiene sentido. Ahora sucede tu vida. Vivir con sentido está a tu alcance en este instante. ¿Qué haces con tu oportunidad?

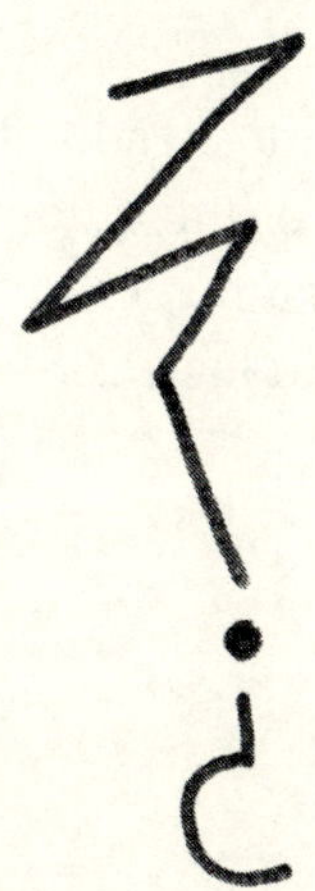

Interpretación de la esencia

Puede que tengas que replantearte la misión al llegar a cierto punto de tu camino, pues esta fue una interpretación de la esencia, que hiciste desde una perspectiva determinada, necesaria y coherente con el momento y lugar en el que estabas. Al cambiar la posición en la que te encuentras se precisa una nueva interpretación de la esencia. Hay que poner especial atención y cuidado en las palabras que utilizas para interpretar la misión, tanto lo que significan para ti, como su historia colectiva.

Sintonización y afinación

Encuentra el sentimiento ligado al Faro Polar. El sentimiento no falla. Lo que quieres conseguir, lo quieres conseguir porque crees que te sentirás de cierta manera una vez lo logres.

Siente y afínate a la frecuencia del sentir.

Así como tu llegada utópica al Faro Polar te bañará del estado por el cual decidiste posicionar el faro en ese lugar. *Dicho estado te llevará hacia el Faro Polar.* Según la ley de la reversibilidad.

Práctica los baños del estado de logro, para que ese sentimiento te acompañe en cada acción que interpretes en tu día.

Sintonízate con la frecuencia de tu destino para que la distancia y el tiempo desaparezcan y la luz del futuro que comanda la travesía sea recibida claramente desde este instante. El estado de Deleite es omnipresente y omnipotente, más allá del futuro y el pasado, siente el estado de haber llegado al Faro y después de este baño preséntate ante la vida para desvelar tu voluntad.

¿Qué huella has dejado en tu camino hacia el
Faro Polar?

Cada paso en tu camino deja una huella, un registro que permanece hasta que la luz dure. La cualidad e intención de cada gesto es tu contribución a
la humanidad. Decide qué huella quieres dejar en
tu mundo y que esa decisión marque el rumbo hacia el cual dirigirte.

Mantente en tu posición,
no vendas a lo original por sobrevivir.
No vendas a mamá.

Si mueres, pues mueres,
algún día tendrás que morir.
Y qué mejor forma que morir incorruptible.

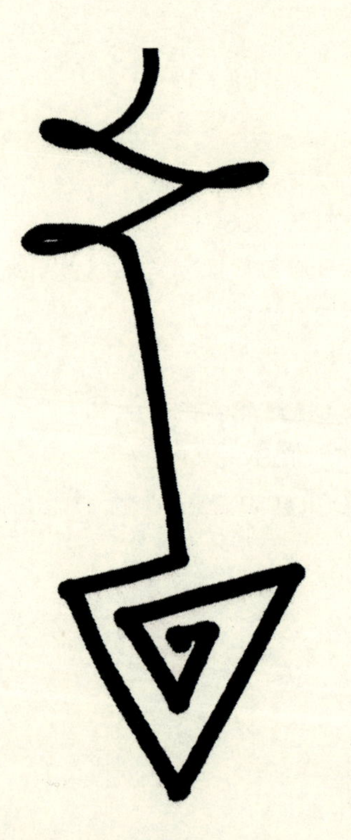

Hagas lo que hagas, hazlo a propósito
y sin dejar de respirar

El propósito original desvela el último para qué. Lejos de complejidades, pretensiones y laboriosos planes, sino algo que llevas integrado en el núcleo de cada célula. Cuando tu mente reconozca el propósito original, se pondrá de acuerdo con el corazón y por lo tanto con la sinfonía de la vida. Tras este suceso todo cuanto hagas, lo harás a propósito, ninguna acción estará fuera de propósito. Esto te saca del patrón de víctima y te posiciona en el trono de tu reino.

Hacerlo a propósito significa que hay una intención que enlaza eso que hay en ti que eres tú con tus acciones.

Hagas lo que hagas hazlo a propósito, vive a propósito, muere a propósito, escucha con el propósito de realmente entender. Habla a propósito, que en cada palabra que pronuncies se cumpla la misión. Piensa a propósito, crea pensamientos brillantes y piénsalos tantas veces como puedas para crear los patrones coherentes con tu versión original. Respira a propósito, forma parte del propósito original haciendo consciente a través de ti el eterno recibir, transformar y dar, iníciate con cada respiración. Muévete a propósito, ocupa el espacio que te corresponde y siente como lo original se expresa a través de tu cuerpo, permite que suceda a través de ti el baile de la vida. Canta a propósito, haz vibrar tus aguas más internas y las lagunas del cielo lloverán bendiciones sobre tu mundo. Bendice a propósito, ofrece las pinceladas del color de tu verdad, a cada paso una bendición que exalta lo original. Despierta a propósito, sal del mundo sueño y posiciónate como parte imprescindible de la vida, haces falta, se te precisa para que hagas lo que haces y abraces lo que eres.

Aquí encontramos algunos ejemplos de cómo comenzar a respirar, moverse, pensar y hablar a propósito. Lo que se recomienda es entrar en un proceso de investigación para averiguar a través de ti, todas las posibilidades que te brinda el instante para utilizar la respiración, el movimiento, el pensamiento y la palabra, con motivo de acomodarte a tu versión original.

Actúa a propósito

Participa a propósito sobre el desarrollo de los acontecimientos que suceden a tu alrededor. En vez de ser víctima de lo que sucede en tu mundo, eres responsable de lo que sucede y de qué hacer con lo que sucede. Te das cuenta de que no eres una parte aislada de la totalidad y comienzas a compartir conscientemente tus capacidades con tu entorno. Si lo ves te incumbe, forma parte de tu historia y si estás en coherencia con el propósito no podrás hacer como si nada, tendrás que actuar sea cual sea la función que te corresponde en ese momento ante la sinfonía que acontece. Tu función original es una, mas esa función abarca todos los campos habidos y por haber. Sobre cualquier terreno y sobre cualquier circunstancia puedes participar desde tu función original, desde el estado de Deleite. Aunque solo sea mirar, unas palabras, cambiar algo de lugar o respirar. Haces falta.

Decidir a propósito

Al saber quién eres y por lo tanto lo que quieres, todas y cada una de las decisiones que tomes a lo largo de tu día irán a favor de lo original. Sin espacio para emprendimientos basados en la repetición de patrones e historias inconclusas del pasado. La constante iniciación permite el éxito en cada decisión. Cada movimiento en coherencia con lo original es un éxito para ti y el mundo que habitas. Esta constante iniciación se da cuando la mente y la razón de sus aspectos, dimite en el control de la toma de decisiones, permitiendo a eso que hay en ti que eres tú, decidir lo que es coherente en este instante. Familiarizarse con eso que llaman corazonada, y es a través de la atención que podemos darnos cuenta de la conformidad de nuestro ser en la toma de cualquier decisión. Si al tomar una decisión de seguir un rumbo determinado o emprender una acción la respiración se corta por una pequeña variación en el latido del corazón, lo original que habita en ti, te está indicando que tal emprendimiento está en disonancia con el instante. Si por el contrario se siente una expansión, la respiración se abre y se hace más profunda, notando una sensación de que algo encaja en lo más profundo de tu interior, será indicativo de que tal decisión es coherente con el instante sinfónico.

Este cambio de paradigma precisa de atención constante e integración que habrá que apoyar con la voluntad de elegir tanto como sea posible lo que es de verdad.

Atiende a tu cuerpo siempre

El cuerpo te avisa cuando algo es dañino para ti.
Por tu bien has de atender y confiar en los
mensajes de este maestro consagrado
en el arte de la música.

Cualquier malestar que puedas sentir es fruto de una incoherencia. El malestar o el síntoma es la forma que tu cuerpo tiene para solucionar una decisión incoherente con la vida. A partir de decidir lo que es coherente con tu corazón, te comenzaras a sentir más a gusto en tu cuerpo, esta coherencia te da acceso a nuevas capacidades y un estado óptimo de salud.

Tienes el derecho y el deber de decidir a propósito lo que entra y sale de ti, de qué nutrirte y qué nutrir, dónde estar y de dónde irte. En este mundo lleno de posibilidades, existe una en cada instante que está en coherencia con el propósito original. Descartar todo aquello que te aleja del estado de

Deleite se hace una tarea fácil. Todos los aspectos de la mente lo entienden a la perfección y apoyan la decisión de ir a favor de lo original. Decide lo que te dé más gustito, si algo se abre en ti es indicativo de que tu corazón está de acuerdo y con este todo el universo.

Decide desde dónde decidir
y asume las consecuencias

Los deseos vienen a probar cuán firme es tu alineación con el Faro Polar. Un deseo es una búsqueda de satisfacción y si deseas algo es indicativo de que quizás un aspecto de tu personalidad está insatisfecho. La insatisfacción solo puede darse por una desconexión con lo original. La satisfacción está a tu alcance en todo momento. La satisfacción sucede al haber coherencia entre tus partes, entre tú y el mundo que habitas. La satisfacción es sentir que tus movimientos encajan en la sinfonía de la vida. El truco es desear este instante, nada diferente a lo que hay ahora y aquí, ya que ahora y aquí es el único escenario existente para ti, con infinidad de posibilidades para que participes creativamente en el desarrollo de las memorias de la vida.

Hay una gran diferencia entre hacer algo por inercia y hacerlo a propósito. Al hacer algo por inercia estás siendo víctima de decisiones que nunca has tomado, siguiendo las fuerzas de patrones colectivos instaurados. Al hacerlo a propósito estás actuando hacia una dirección concreta, te haces disponible para crear tu propia historia haciendo partícipe a eso que hay en ti que eres tú. No quiere decir que hay que enfrentarse a las inercias colectivas, en su intento, siempre saldrás perdiendo. El arte aquí está en utilizar las fuerzas a tu favor y como la técnica del borracho, dar tumbos sin perder de vista el destino hacia el cual te diriges.

Aprender a propósito

Aprender significa coger por los sentidos. Mediante la atención puedes decidir que enfocar de entre todo lo que está sucediendo en la simultaneidad para obtener información y por lo tanto conocimiento de ello. Aprender hace referencia a captar por los sentidos, procesar, interpretar e integrar esa nueva información para hacerla útil. Aprender a propósito se refiere a la habilidad para seleccionar conscientemente el contenido y la perspectiva para hacer el registro de cada situación del día. Así como el acomodamiento de esta nueva información a los renglones por los cuales transcurre la melodía de tu misión.

Selecciona lo que te sirva y desecha los excedentes. En este momento, en el que la información es excesiva, merece la pena seleccionar cuidadosamente qué masticar. Adentrarse en un proceso meditativo con la intención de hacer consciente una información que es de utilidad en el camino de afinarse a la versión original. Esto nos saca del negocio de procesar información y adentrarnos en temas que no aportan nada en absoluto en nuestro camino, todo tipo de círculos viciosos que se hallan estáticos en un lugar y solo pueden alejarnos de lo original.

Permítete cambiar de perspectiva para encontrar las joyas escondidas entre el velo de las apariencias. Siendo estas joyas las que activan ciertos códigos latentes en ti, necesarios para el cumplimiento de tu misión, para abrir ciertas puertas en tu camino hacia el Faro Polar.

Una joya que nos haga darnos cuenta de cierto aspecto que queremos integrar o deshacer de nuestra realidad. Al adentrarse en la experiencia pasada o en cualquier situación desde el centro, espacio sensible y neutral, podemos disfrutar de una perspectiva esférica, sin los patrones que nos filtran la realidad y descubrir cualquier impedimento que se interponga en nuestro camino de coherencia.

Cualquier momento es el momento ideal para hacer algo consciente. Algo, lo cual estás preparado para ver, algo que va a servirte en tu camino. Si das por hecho, pierdes. Cada situación es nueva, por mucho que se parezca a situaciones anteriores, atiende a todo lo que sucede simultáneamente y el tesoro se posará ante ti.

Pensar a propósito

Hay un narrador en nuestro interior que no calla, incluso dialoga. La narrativa afecta a todo el sistema y a la realidad que se percibe, estamos prisioneros de nuestro diálogo interno. El diálogo sigue su conversación sin descanso, una conversación interna deliberada sobre cosas, cosos, personas, hechos pasados y futuros. Un chorro de pensamientos que prediseña la idea del mundo y aleja a uno de la realidad. Cuando uno logra parar el diálogo interno, sale a la superficie un potencial que nunca se imaginó y la capacidad de elegir entre miles de opciones, en vez de una única, ya programada.

El discurso interno fluye descontroladamente sin ningún tipo de coherencia aparente, ante este fenómeno lo mejor que se puede hacer para restaurar el orden original es ganar tiempos de silencio. Ya que inevitablemente el pensamiento volverá, es el momento de comenzar a proponer un discurso mental en coherencia con lo que somos y queremos. Crear pensamientos brillantes es una propuesta para pensar a propósito en aquello que ensalza lo original, lo brillante y lo saludable en ti y en tus semejantes, pensar en lo que te pone, en lo que quieres incorporar, para darle forma a esa realidad. Pensar a propósito es la clave para aprender, cada vez más, a utilizar el procesador de realidad que es nuestra mente y los códigos de este programa que son palabras, frases y símbolos, para facilitar la alineación con nuestra versión original. El pensamiento desencadena respuestas biológicas. El cuerpo responde al pensamiento presente. Es a partir del pensamiento que creamos caminos posibles que podemos transitar. ¿Qué mejor actividad que abrir caminos hacia aquellos lugares que deseamos visitar? Pensar a propósito es la llave para crear la realidad que queremos experimentar. A través del pensamiento se crean las condiciones para que suceda. Pudiendo pensar lo que quieras.

¿Para qué pensar siempre igual? Piensa a propósito, juega con tu manera de pensar.

No permitas que ningún pensamiento que se aleje de la abundancia y armonía original, entre en ti ni un segundo. Piensa en lo que te pone, en lo que te gusta, en lo que admiras. Que tus pensamientos se ocupen de lo que sí, tú solo ocúpate de que ningún pensamiento de anticipación o interpretación negativa germine en ti.

Tu pensamiento es lo único que se te concede dominar por el momento, si no puedes dominar tu pensamiento, entonces, ¿qué quieres hacer? Una vez domines el arte de pensar a propósito se te concederá el dominio de más aspectos de la realidad interna y externa.

De la tierra al cielo y del cielo a la tierra.

Al finalizar el día, antes de adentrarse en el mundo sueño es un buen momento para revisar las reacciones ante ciertas situaciones y descubrir su origen. Desde el centro, espacio sensible y neutral, volver a sentirlo para reconocer y poner en paz todo suceso. Utilizando las palabras y los movimientos necesarios que emanan del centro para crear un nuevo patrón en coherencia con el momento. Visualizando la manera en la que te gustaría responder ante tales situaciones. Esta nueva manera de actuar, es una joya.

Las joyas son nuevos patrones que sustituyen a los antiguos, partida tras partida dando forma al reino original. Cada joya guarda una actualización, un pensamiento brillante con unos códigos que activan ciertos aspectos, para dar espacio a una acción poética que interprete en el reino de la tierra la esencia de la joya. *Las joyas son un permiso de ser. Siempre hay algo que nos hemos de permitir, algo que hemos de desbloquear para permitir la expresión original en algún punto del círculo.*

Las joyas son cualidades y capacidades coherentes con tu versión original.

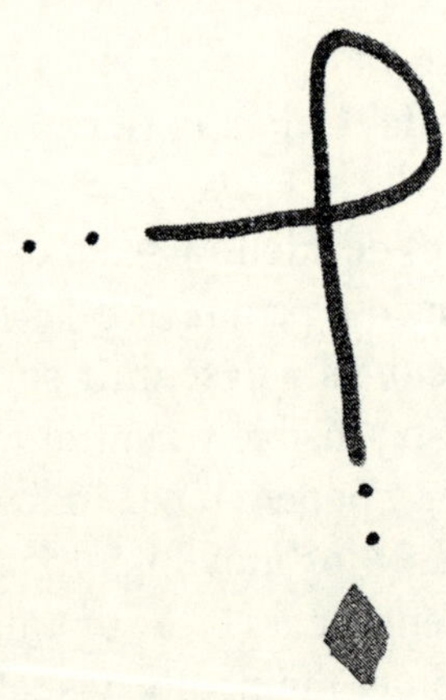

Del darse cuenta a la joya, de la joya pulimos la frase diamante, de la frase diamante al pensamiento brillante, del pensamiento al cuerpo y del cuerpo a la acción.

Joyas

Cualquier cualidad, habilidad, poder, detalle, aspecto que descubras durante tu día a partir de la interacción con tus semejantes. Las joyas son un darse cuenta, un nuevo aspecto que se hace consciente. Las joyas desbloquean partes ocultas del reino. A partir de las joyas se crean nuevos programas que sustituyen a los antiguos, para ser utilizados en el día a día.

Frase diamante

Escribe sobre situaciones que representen la esencia de la joya. En tiempo presente y en primera persona. Frases cortas y concisas, interpretaciones de la joya. Pensamientos que podrás incorporar en tu realidad.

Visualización

A partir de la frase diamante, visualiza una escena concreta, una interpretación de la esencia de la joya. El resultado que se desea conseguir, un pensamiento que exprese el cumplimiento de tal realidad.

Instalación

Proseguir con la visualización mientras te impregnas del sentimiento de esa realidad cumplida, llegando esta información a cada célula de tu cuerpo. La respiración y la postura interna se afinan a esta nueva realidad.

Activación

Dar espacio para llevar a cabo una acción desde la cualidad de la joya. Compartir, dar u ofrecer algo desde aquello que quieres incorporar, lo reafirma en los códigos de la realidad.

Al reconocer que hay algo que permitirse, podemos crear un decreto, «yo me permito expresar mi parte más fuerte» y visualizamos una escena en la que estemos procediendo de tal forma mientras que adoptamos una posición o un movimiento repetitivo, acompañado de la respiración profunda que ayudará a llevar esa nueva información al cuerpo para que sea activada.

Ejemplo:

- *Joya:* Abundancia.
- *Frase diamante:* Creo escenarios de abundancia en los que compartir con mis semejantes
- *Visualización:* Visualizo una escena en la que me encuentro preparando una mesa con frutas y alimentos de todo tipo, mientras llegan invitados para disfrutar de un tiempo de armonía, compartiendo palabras sinceras que brotan del corazón.
- *Instalación:* Mientras que visualizo la escena, llevo el sentimiento que me causa tal situación a cada rincón de mi cuerpo y respiro profundamente mientras adapto mi posición a esta nueva realidad.
- *Activación:* Me propongo crear una situación en este día en la que compartir alimentos con las personas que me encuentre.

Transforma tus experiencias en joyas,
transforma tus joyas en pensamientos,
tus pensamientos en sensaciones
y tus sensaciones en memorias de Deleite.

Se recomienda hacer este proceso a diario, es decir, hallar una joya cada día y emplear este método. Creando así una lista de las joyas de todos los días pasados. Esta lista será tu aliada para comenzar esta nueva práctica de pensar a propósito. Utiliza las joyas tanto como quieras, en cualquier momento para incorporarlas en ti y desencadenar el potencial que estas guardan. El propósito es ganar terreno con pensamientos brillantes, ya que estos son vibración y producen una reacción en todo nuestro sistema según su cualidad y su armonía con lo original.

Cierra todas las carpetas y quédate sin nada
en la pantalla para poder descansar
un momento, deja de procesar y disponte
a crear un pensamiento brillante con la joya
que acabas de encontrar.

Los programas desde los cuales actuamos tienen un patrón de acción que incluye la posición o postura interna, la respiración y los pensamientos. Para crear nuestros propios programas a partir de las joyas hemos de tener en cuenta estos factores. A cada frase diamante o pensamiento brillante se le puede añadir una posición externa o movimiento para brindarle fuerza, así como un mudra de manos o unos toques con tus dedos al cuerpo. Podemos interpretar estados a través de posiciones corporales y también podemos provocar estados a través de nuestra posición. Una idea puede ser utilizar estas joyas para una práctica como el yoga, en la que cada postura que se realice irá enlazada a una joya y su pensamiento brillante o sentir coherente.

Para mantener el pensamiento brillante durante un largo periodo de tiempo puede ser anclado a una canción determinada, así como colores y símbolos que desencadenan la reacción para sintonizarse con la frecuencia de tal pensamiento.

Dejar espacio para que el cuerpo se sume a la idea. O más bien que sea la mente la que se sume a la idea del cuerpo.

Respirar a propósito

Toda idea o pensamiento brillante que desees sostener ha de ser incluido por el cuerpo. Para integrar cualquier aspecto que la mente ha procesado o está procesando es necesario incluir la respiración. Al respirar a propósito mientras se está pensando o visualizando cierto tema, la información llega hasta lo más profundo de ti, haciendo partícipe a cada célula de tu cuerpo en esta nueva información. La respiración es parte imprescindible del propósito original y por ello hay que incluirla en cada emprendimiento. Respirar a propósito es la clave para abrir puertas y cambiar de escenarios, la respiración acompaña cada movimiento y dependiendo de cómo sea esta, la cualidad de las demás funciones.

Respirar conscientemente es el primer paso para recuperar el poder que te corresponde. Conviértete en guardián del aire que entra y sale por tu nariz. La atención en la respiración te posiciona en el presente, por ello, cuando realizas una respiración consciente, eres capaz de registrar todo cuanto sucede en la simultaneidad del escenario en el que te encuentras. Cada vez que presencies algo que quieras guardar en tu memoria, realiza una respiración mientras eres testigo de lo que está aconteciendo.

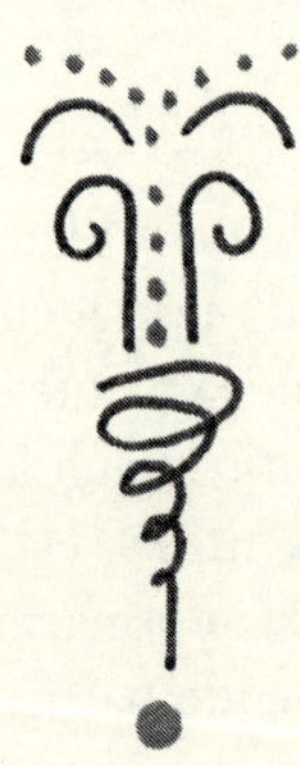

Merece la pena observar que en los momentos que uno está rumiando con pensamientos densos, la respiración se encuentra en su mínimo posible, casi en apnea, lo cual provoca un estancamiento de estos pensamientos. Para restablecer el flujo natural basta con una respiración consciente y profunda para que vuelva a correr el aire y renueve todos estos densos pensamientos.

Una perspectiva o un estado es separado de otro por una sola respiración. Para profundizar en una experiencia se precisa respirar profundamente. Para tomar el poder disponible en este lugar basta con inhalar, para dejar lo que no te sirve o incomoda solo hay que exhalar y para acercarte a la verdad del propósito original basta con retener la respiración el tiempo suficiente para darte cuenta de que lo único que necesitas realmente es inhalar para llenarte de todo cuanto precisas en este instante.

Atiende a tu respiración mientras piensas, cuando tomes una decisión, cuando vayas a hablar o emprender cualquier acción. La respiración está en relación con el corazón y este con eso que hay en ti que eres tú, con todo cuanto existe. Una respiración libre de impedimentos que llega hasta lo más profundo es indicativa de un estado de coherencia con lo original. Si la respiración se corta, es indicativo de que alguna cadena muscular, consecuencia de un patrón que se ha activado, está impidiendo proceder acorde a lo original, actuando en base a una historia pasada. La observación de la respiración nos permite el acceso a una guía de confianza para decidir teniendo en cuenta el propósito original en el camino del Faro Polar.

Moverse a propósito

Permite que eso que hay en ti que eres tú habite en todo tu cuerpo, sin discriminar ningún rinconcito. Hoy es un buen día para comenzar a moverte a propósito, uniendo la mente con el cuerpo. Respira tus pensamientos y dales el movimiento que le corresponde, muévete a la velocidad de tus pensamientos, utilizando los dedos de tus manos para darles forma. Llevar los pensamientos al cuerpo logra la primera materialización de algo etérico. Mediante la interpretación de pensamientos a través del cuerpo, de posturas y movimientos se logra traer el cielo a la tierra.

En la aparente quietud, sucede un baile en tu interior, en el que el corazón marca el ritmo con su latido, la sangre fluye por venas y arterias, llevando este ritmo a los demás órganos para que cada uno proceda con su parte, impulsos eléctricos que recorren tu sistema nervioso, cada célula está en movimiento, cada átomo de tu cuerpo está moviéndose, cada electrón orbita su centro. Hazte consciente de este baile original que sucede en tu interior y encuentra tu centro. Comienza a moverte sutilmente acompañando el movimiento interno. El baile de lo original, el baile de lo inevitable, sintonízate con el latido de tu corazón, con el flujo de tu respiración, con tu sangre y comienza a externalizar este baile.

Es a través del movimiento que cambias de una posición a otra. La posición se refiere a la actitud interna que afecta directamente al flujo de tu respiración, a la cualidad de tus pensamientos, la postura y por lo tanto al desarrollo de la experiencia y la interacción con el entorno. Todo círculo artificial o incoherencia indica que hay algo en ti atascado o estancado, algo que impide el flujo natural energético. Esta retención causa sufrimiento y es únicamente a través del movimiento que podemos volver a restablecer el estado original en el que todo fluye armónicamente.

Si te encuentras en un estado en el que tu diálogo interno se ha descontrolado, toma las riendas e interpreta la voz de tu narrador interno con un baile, muévete a la velocidad de tu diálogo interno y poco a poco ves ralentizando el movimiento para redirigir esta descontrolada conversación interior a una armoniosa poesía que fluye a la par que tu respiración, acariciando el mundo. En vez de hacer una descripción del mundo tal y como la ves, cambia de rol y comienza a participar como elemento irremplazable de tu entorno. Cuando lo desees puedes detener el diálogo interno completamente al poner a todos los aspectos de tu mente, a todas las voces que se pronuncian, a trabajar juntas con el propósito de escanear tu cuerpo, de pies a cabeza y de cabeza a pies, unidos por el mismo propósito.

Moverse a propósito nos puede llevar a cualquier lugar al que queramos llegar. El movimiento coherente, que sucede simultáneamente en el plano físico, energético y mental. El movimiento te lleva de una posición a otra, de un estado a otro. El movimiento puede ser utilizado para calmar o activar, para cambiar algo o estabilizar un cambio. La intención dirige el rumbo del movimiento, intenta no entrometerte demasiado. Descubre qué posición o actitud interna necesitas adoptar y permite que suceda el movimiento.

Si por ejemplo te encuentras en la posición de víctima, en contracción por alguna circunstancia externa, puedes cambiar rápidamente de posición procediendo con unos movimientos de poder. Movimientos contundentes, que te saquen de esa posición, como si estuvieses generando fuego a tu alrededor, convirtiéndote en un jaguar, expandiéndote hacia todas las direcciones y amplificando el sonido que emana de lo más profundo de ti, resonando en todo el cuerpo.

Si acabas de pasar por una situación intensa y necesitas estabilizarte e integrar lo que ha sucedido, puedes proceder con un movimiento suave y armónico, con acentos si es necesario, como si te convirtieras en agua y movieses las aguas internas y las aguas de tu alrededor. Respirando en sincronía con el movimiento y utilizando la voz para hacer resonar lo más profundo de ti, como si tuvieses un recién nacido en el centro de tu cuerpo que has de hacerle dormir.

En toda situación que experimentamos en nuestro día a día hay un movimiento, unas fuerzas que actúan desde y hacia una determinada dirección. Depende de nuestra capacidad de escucha que podamos sentir y entender ese movimiento para sincronizarnos con este y utilizarlo a favor. Cada situación te puede proporcionar el impulso que necesitas en tu camino hacia el Faro Polar.

El baile del ahora y aquí

Encuentra un espacio de quietud y vuelve al centro, activa el testigo para darte cuenta de todo lo que pasa a través de ti, pensamientos, sensaciones, recuerdos, todos los inputs del exterior y dales movimiento. Honra tu presente y todo lo que te llega dándole el movimiento que facilite su paso a través de ti. Conviértete en anfitrión del instante y canaliza a través del movimiento desde lo más grosero hasta lo más sutil, sin quedarte nada para ti. El baile del ahora y aquí.

Déjate mover a propósito

En ese momento en el que una fuerza superior a ti te está llevando, déjate zarandear, encuentra el estado máximo de presencia en la inestabilidad. Al aparecer el tornado, relájate y aprovecha la inercia, permite que te atraviese y que haga lo que quiera contigo. Si sabes a dónde vas, cualquier impulso te servirá para llegar. Máxima relajación hasta llegar el instante y lugar precisos, en el que se aplica la tensión necesaria para tomar el control por un segundo y caer.

Como una hoja en un tornado, déjate mover por la fuerza mayor que está actuando sobre ti, hasta llegar al lugar que deseas, entonces aplica la tensión necesaria para tomar el control por un instante y aterrizar con precisión.

En un mundo en movimiento
quedarse más de la cuenta
es un riesgo.

Entrenar a propósito

En el camino hacia el Faro Polar, para vivir en coherencia con nuestra versión original, hemos de preparar el cuerpo a propósito para disponer de sus plenas capacidades cuando sean necesarias. Ahora, cada movimiento de cualquier serie de ejercicios es realizada a propósito, con la intención de actuar sobre cualquier aspecto de tu vida. Incluyendo la visualización y la respiración, mientras se procede con los ejercicios correspondientes. El propósito original ensalza toda forma de vida para que cada parte funcione óptimamente. Al estar en coherencia con este propósito podrás utilizar todos tus recursos, y en este caso tus sesiones de entrenamiento para apoyar y favorecer los procesos que se están atravesando. El propósito es equilibrar todo desajuste para restablecer el estado original. Ya sea desde el entrenamiento de flexibilidad, resistencia, fuerza o movilidad, dependiendo de lo que se precise para apoyar la armonización del instante sinfónico.

Al realizar nuestra serie de ejercicios, sean los que sean, podemos sostener un pensamiento brillante o un decreto, para así aprovechar ese movimiento energético y físico y actuar sobre nuestra realidad. Entrenar a propósito es aprovechar nuestras capacidades para conseguir un nivel considerable de eficacia. En nuestro entrenamiento, hemos de considerar todas las partes de nuestro círculo, como lo mental, lo emocional, lo físico, y no solo los músculos, si no las fascias, los huesos, las articulaciones… etc. Es tu responsabilidad conocer lo que necesita cada parte de ti para poder facilitar su bienestar. No necesitas estudiar, sino acceder al conocimiento que tienes integrado, y si es necesario, aceptar información externa que resuene con lo más interno de ti. Si descuidas alguna parte, tarde o temprano tendrás que pagar la deuda. Es tu derecho y deber brillar en coherencia con tu versión original.

Habla a propósito

Programa tu entorno

Cuando estás caminando en coherencia con lo original en ti, todo cuanto te rodea, objetos, personas, cosas, casas y cosos, tanto en el cielo como en la tierra, en toda dirección, apoyarán tu travesía a lo largo de tu día. No escatimes en hablar con las cosas y ordenarles lo que quieres que hagan. A través de ti, puedes programar el espacio en el que te hayas, las partes de tu cuerpo y sus capacidades, así como el alimento que tomas.

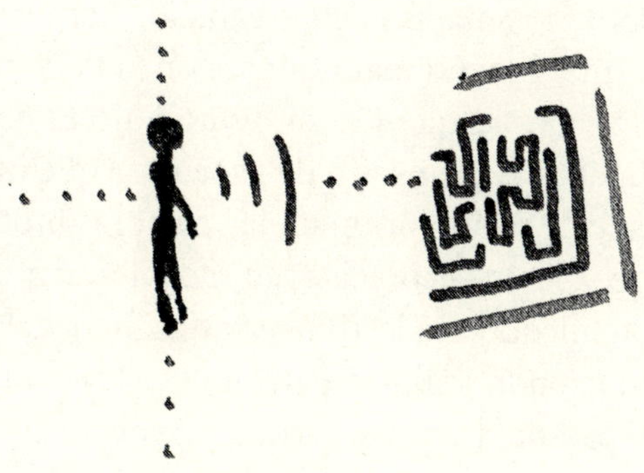

Es de vital importancia que te acostumbres a hablarle al alimento, al agua y a todo lo que vayas a introducir en tu cuerpo, para decirle claramente lo que quieres que haga en ti. Todo lo que llega a ti, viene con la información que el colectivo y las manos por las que ha pasado han programado en ello. Tu deber es bendecir todo lo que llega a ti, todo lo que ves, hazlo por todo, hazlo por ti.

Cuida lo que dices

La palabra es la primera materialización de algo etérico. Aunque solo dure unos segundos hasta que el viento se la lleve, la palabra acompañada de la intención y el movimiento correspondiente puede actuar sobre los píxeles de la realidad. Aquí hemos de parar un momento para tomar conciencia, ¿Desde dónde dices lo que dices? ¿Qué quieres conseguir? ¿Cuál es el propósito de cada cosa que dices?

Desde tu estado original, las palabras brotarán del centro y serán las precisas en cada momento, sin juicio, sin miedo y sin lástima. Si estás fuera del centro, obedeciendo a algún patrón o historia inconclusa del pasado, las palabras que salgan por tu boca estarán reafirmando dicha historia. Lo que importa es, desde donde. Si de pronto te ves actuando en algún programa que escapa al presente, haz una maniobra de emergencia, sintoniza con tu latido y pon voz a lo original a través de ti. Al pronunciar estas palabras el patrón se disolverá y volverás al estado de gracia, en el que eres uno con la verdad en su continua iniciación.

A través de la palabra compartes tu verdad, cuando alguien escucha tus palabras sobre algo y las acepta se instala en sus creencias. Siempre actuamos e interpretamos acorde a nuestras creencias y nuestras creencias, mayormente se han formado por palabras que hemos escuchado en nuestro entorno y acogido en nosotros. Esta creencia, es algo totalmente cierto para uno, por ello actuar fuera de estas es imposible. Si uno desconoce que algo es imposible, posiblemente lo logre.

La palabra como joya, veneno o salvación.

Exalta lo original en ti mediante las palabras que te dices, al hacerlo, al solamente hablarte amorosamente tu vida cambiará, tanto tu estado físico como emocional y mental. Estarás en paz y por lo tanto, siendo partícipe en el cumplimiento del propósito original. La palabra es la herramienta más poderosa que posees, por la cual creas y también destruyes, dependiendo de cómo utilices la palabra así será tu experiencia de vida. Las palabras son semillas que se activarán ahí donde vayan dirigidas y germinan así sea su intención, al hablar a propósito contribuyes a la creación del bosque del Deleite.

Las joyas que hemos ido encontrando a lo largo de nuestros días sirven para exaltar lo original. Es recomendable detenerse varias veces al día, durante uno o dos minutos, antes de cada vez que vayas a beber agua por ejemplo, para hablarte a propósito, para decirte unas palabras amorosas y empoderantes que describan una cualidad positiva que posees o que quieres desarrollar en ti. Un mensaje de paz, de reconciliación con lo original.

En el camino del Faro Polar, la misión de alinearte con tu versión original, puedes utilizar el movimiento, acompañado del sentimiento, la visualización o pensamiento, la respiración, la palabra y la intención para actuar en el presente, en el pasado o en el futuro. En el presente para atravesar cualquier situación con el poder que te brinda hacerlo a propósito, en el pasado para cambiar nuestra posición ante lo que sucedió y en el futuro para sintonizar con el lugar hacia el cual te diriges y lo que quieres hacer una vez llegues, es decir, para crear la realidad con la cual quieres encontrarte.

Palabras mágicas

Las palabras mágicas son decretos que actúan sobre la realidad preparándote para proceder con una acción determinada. Son frases que se pronuncian para tomar una posición determinada ante la vida y actuar desde esta. La creación de palabras mágicas te ayudará a mantener la coherencia en tu camino y atravesar cualquier situación desde el estado de gracia.

Por ejemplo, si en algún momento me siento distraído mientras estoy haciendo algo, diré: Alábala. Habiendo programado esa palabra para activar una cierta actitud interna. Así que los próximos pasos los actuaré como si cada movimiento estuviese repercutiendo directamente en la totalidad del universo. Esto me posiciona en un lugar en el que tengo la responsabilidad y por lo tanto la autoridad de cada movimiento que ejecute. La mente da un paso atrás para dejar paso a la presencia y está toma las riendas de la acción.

Pueden crearse palabras mágicas para todo tipo de situaciones, para relajarse, para encarnar un poder, un arquetipo, para desencadenar una función biológica... etc. Son anclajes de intención, programas que preparan el sistema para proceder desde una actitud y condiciones determinadas.

Callar a propósito

Así como hablar a propósito, igual o más importante es callar a propósito. Las palabras son paquetes de información y un continuo chorro de palabras, por muy bonitas que sean, están siendo un impedimento para recibir la comanda del corazón. Mientras que haya palabras de por medio eso que hay en ti que eres tú, permanecerá pacientemente a la espera de un espacio vacío desde el cual pueda hacerte llegar el mensaje que necesitas recibir en este instante para el cumplimiento de la misión. Si no dejas espacios de silencio para recibir los mensajes del centro, estos se manifiestan o somatizan para que puedas por fin atenderlos. Aunque puedas pensar que la vida va en tu contra, solo son mensajes no reconocidos que se te están intentando hacer llegar por todos los medios.

Tienes la oportunidad de evitar el sufrimiento, simplemente dejando espacios de silencio y desde el vacío, recibir cualquier sutil mensaje antes de que se convierta en grosero y te dé un revuelco.

¿Qué he de hacer consciente en este momento?

Cantar a propósito

El canto con intención actúa directamente sobre la realidad. Una vibración, una orden, que se propaga más allá del espacio y el tiempo para plasmar su cualidad en la dirección que se ha intencionado. Puedes crear cantos para cualquier cosa que vayas a emprender, para preparar el terreno y generar consciencia en el comienzo de esa acción. Puedes utilizar la visualización para imaginar que lo que estás apunto de hacer sucede de tal forma mientras procedes con tu canto. Una luz que te acompaña en la acción que has decidido embarcarte.

Así como puedes crear cantos para actuar sobre cualquier aspecto de tu vida, físico, mental, emocional. Puedes crear cantos para curar una herida, para fortalecer tus huesos, para aliviar, para integrar, para atraer o para dejar ir.

El canto, al igual que la misión sale de lo más profundo, desde eso que hay en ti que eres tú y resuena en tu entorno, la primera materialización de los códigos de tu interior sobre el mundo que te rodea. El canto que sale desde el centro te recuerda la misión y afina a todas las partes a la frecuencia en la que el propósito original resuena en este instante. La voz nunca miente y refleja verazmente el lugar en el que te hayas, a través de tu voz puedes conocer el lugar en el que estás, así como a través de jugar con el canto puedes alcanzar un lugar que quieres habitar.

Vuelve al centro y date cuenta de todo lo que está sucediendo en la simultaneidad, los sonidos de alrededor, el viento, el latido de tu corazón, tus pensamientos… etc. Emprende el canto del presente. Ponle sonido al instante, interpretando mediante tu voz todo lo que estás percibiendo. Esta es una maravillosa práctica para detener el diálogo interno. En vez de hacer una descripción con palabras del presente, lo acompañas, sincronizando tu canto con la sinfonía que se está dando.

Puedes cantar por cantar o cantar con intención de expresar tu verdad ante una situación, ante un estado del presente o del pasado, para solucionar y poner en paz, para expresar lo no expresado. Imagina que hay algo en el espacio vacío entre las cosas que solo entiende el lenguaje de la vibración, comunícale lo que has pasado, cuéntale tu vida, el lugar en el que te hayas y donde quieres llegar mediante el canto, para que ello pueda ayudarte o tenga constancia de tu posición y perspectiva.

Ponle sonido a cualquier experiencia conflictiva pasada para que pueda ser expresada, para quedarte en paz. Ponle sonido a la memoria que te impide ser tú libremente. Canta tu permiso de ser.

Crea un canto para recordar el propósito original, el canto con el que la vida se expresa a través de ti en este momento. Expresa mediante el canto aquello que las palabras no pueden. Expresa tu verdad, así como es en este momento, explórate, instrumento de la sinfonía original.

Todo tiene su canción, puedes utilizar el canto para actuar sobre cualquier parte de tu cuerpo, sobre un aspecto de tu vida, sobre un objeto externo, sobre una persona, sobre un lugar incluso sobre toda la humanidad o el planeta. No hay límites más que los que tú hayas decidido. Tu intención marca el rumbo y te enlaza con el propósito original.

Si quieres, si te da el punto, prueba a cantar con la intención de exaltar la vida, de actuar sobre todo el planeta con el canto que sale de ti, actúa sobre sus mares, montañas, sobre el centro de la tierra, su aire, incluso sobre todos los seres que la habitan. Procede con un canto de paz que calme pretensiones, procede con la nana de la humanidad.

Bendice a propósito

Desde tu versión original, te darás cuenta que lo más efectivo que puedes hacer por tu mundo es bendecir a tu paso. La bendición es un pedido que ensalza a algo o alguien más allá de ti. Al proceder con esta acción, ofreciendo atención, intención, xispa y unas palabras acompañadas del sentimiento que sellan el pedido, estás actuando en pro al propósito original, siendo instrumento de sinfonía que expande el brillo de la vida. Al utilizar la xispa que posees para armonizar tu mundo, recibirás cada vez más cantidad de xispa para que sigas haciendo lo que haces.

Bendice lo que quieras aumentar

Lo que importa no se ve. El truco está en no clavarse en nada, sin mucha importancia reviscolar tu mundo con tu liviana mirada y tu toque de gracia. Si te importas demasiado te vuelves pesado.

Que tus pensamientos sigan el propósito original y tus bendiciones recaigan sobre la virtud del mundo.

Pide a propósito

El pedido es un rezo que realizas a través de tus palabras, acompañadas del sentimiento, movimiento e intención, rezar a propósito se refiere a utilizar el poder del que dispones para servir como instrumento de la sinfonía y canalizar las fuerzas que armonizan tu mundo. Al estar en sintonía con el propósito original tu rezo servirá para ordenar y embellecer, convirtiéndote en jardinero del mundo que habitas. Lo que veas desde tu perspectiva te incumbe, así que utiliza a propósito todo cuanto tienes a tu disposición para apoyar los procesos que amas y redirigir las ramas del jardín para crear espacios originales y caminos por los cuales circularan los seres que vendrán.

Pide solo lo que quieras que suceda ahora y aquí, sin desear nada distinto a este instante. Pide por lo que te sirva para jugar, pide por atención para reconocer lo que sucede en cada dirección, por apertura y neutralidad para poder recibir lo que la vida tiene por proponerte. Pide por lo que te sirva para la experiencia que está aconteciendo.

Guarda a propósito

El acto de meter algo en nuestro cuerpo o el de meter algo en otro cuerpo merece de presencia absoluta. Así como el acto sexual, así como el alimento que entra en ti, así como las palabras que salen de ti y entran en el otro o las que salen del otro y entran en ti. ¡Conciencia en este acto ostias!

Estos momentos en los que hay una transacción, transición o transformación, cuando algo pasa de un espacio a otro, cuando el día pasa a ser noche, cuando entras o sales de un lugar, merecen de completa atención. Si no se está presente en estos momentos en los que algo va a salir de nosotros o va entrar, corremos el riesgo de enfermarnos. Al no ser conscientes de los sutiles mensajes de nuestro cuerpo, inteligencia original que nos avisan al respecto de lo que estamos a punto de hacer, nos arriesgamos a proceder en contra de lo original, en incoherencia con la vida y su pulso. Ocasionando esto disonancias y degeneración en el sistema y alejándonos así de nuestra versión original.

Integra a propósito

Tras finalizar cualquier tipo de proceso es necesario un periodo de integración. Desde un viaje, una conversación o un desayuno. Cualquier experiencia, trae una nueva información que precisa ser integrada en cada célula, precisa de una digestión para separar lo que sí de lo que no. Podemos apoyar este proceso de integración de diversas maneras, recordando, respirando, escribiendo, cantando, entrenando, descansando… etc. Integrar a propósito requiere de ofrecer un espacio y tiempo para obtener las joyas de la experiencia. Una vez la experiencia de un cierto nivel haya sido integrada, se podrá trascender, pasar a lo siguiente, a una nueva perspectiva de la realidad. Si no honramos este proceso de integración y nos la pasamos de trago en trago, corremos el riesgo de quedarnos atrapados en el mismo lugar, repitiéndose esta situación, una y otra vez.

Interactúa a propósito

Haz los movimientos necesarios para que todo aquel que entre en tu campo se sienta libre de cualquier impedimento. Permite que florezcan los humanos con los que convives, apoyando su expresión original desde tu presencia. Los ojos con los que mires, lo que pienses de ellos, lo que pronuncies y tu presencia afecta directamente al estado del observado. Según tu posición ellos tomarán la complementaria o similar, lo mejor que puedes hacer por ellos, es habitar el centro, lugar sensible y neutral desde el cual dejar espacio para que suceda en ellos lo que tenga que suceder naturalmente.

Apoya el propósito original, liberando de cualquier opinión o idea a los humanos con los que convives. Libérate de sus opiniones y accede al estado de Deleite para proceder desde la gracia de la música.

Mira a propósito

Posiciónate en el centro de tu ser para poder mirar tu mundo y sus habitantes con una mirada que aprecia lo original en ellos. Una mirada neutral que más allá de las apariencias y creencias permite que lo observado pueda expresar su versión original. Cumple el propósito original a través de tu mirada. Mira la virtud, lo que sí, encuentra el propósito original en cada cosa que mires.

Todo aquello que atiendes, lo estás amplificando. Retira tu atención de aquellas cosas que te alejan de la gracia de la música y atiende a aquello que quieras ver florecer en tu mundo.

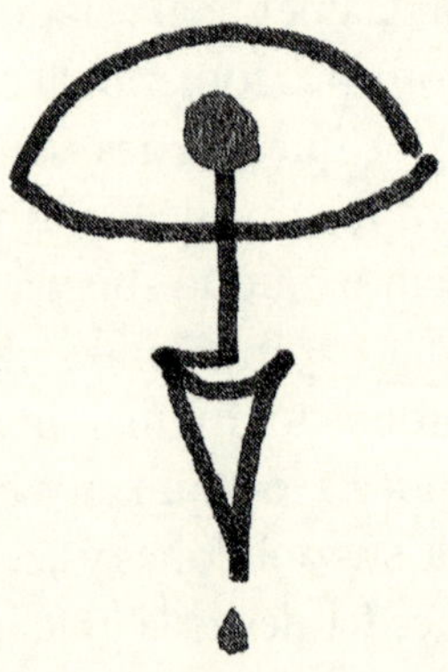

Si lo que miras te parece disonante, es tras tus ojos donde se halla el conflicto. Deja de mirar hacia fuera y voltea tu mirada para adentrarte en tu sistema y reconocer el origen de tal disonancia. Una vez reconocida la creencia o historia que impide que la información que se recibe te atraviese, hay que disolver el pegote en el filtro de tu percepción que está reteniendo en ti tal información. Perdonar a propósito es la clave.

Asume a propósito

Al sintonizar con el propósito original puedes asumir lo que quieras hacer realidad. En vez de esperar para ver y después asumir que así es, puedes empezar por asumir que así es, agradecer porque así es y persistir en tu asunción hasta que así sea. Para hacer lo que nunca imaginaste, imagina lo que nunca hiciste. Asume y agradece que lo puedes hacer, que ya está hecho, siente y celebra el logro, capturando el sentimiento y bañándote de él.

Asume y agradece las virtudes de tus semejantes.

Asume y agradece pues están viviendo acorde a lo original. Asume que están aprendiendo, haciendo consciente su vida a todos niveles, rebiscolando, sanándose, transformándose, desarrollándose y agradecerles por ello.

Gracias por ser cada día más transparente.

Perdona a propósito

Para actuar acorde a lo original en ti has de disolver cualquier cosa que se interponga entre eso que hay en ti que eres tú y tus movimientos. A lo largo de tu vida puede que te hayas embarcado en cierto tipo de emprendimientos que atentaron contra lo original, tanto sobre ti como sobre tu entorno. Hay una parte de ti que es consciente de ello, siempre hay testigos y el registro de dichas situaciones es visible en tu expediente. Hay algo que guarda esa información conflictiva y está afectando a la cualidad del paso que estás dando. Estas situaciones están afectando directamente al presente y por lo tanto al desarrollo del futuro. Parte importante es disolver estas disonancias que están siendo un impedimento entre el propósito original y tus pasos. La única opción de restaurar la paz original es utilizando el perdón a propósito. Estas situaciones en las que se atentó contra lo original, generan una deuda y el perdón es la forma de dar el reconocimiento necesario para equilibrar la balanza y firmar la paz. Perdonar incluye reconocer el origen y comprender el desarrollo de la situación desde un espacio neutral, para poder aceptar esos hechos y abrazarlos con el cariño necesario que disuelva todo rastro de conflicto. El amor, el reconocimiento y la gratitud son partes fundamentales del perdón. Para hacer más efectivo este proceso se puede acompañar de palabras y movimientos. Adéntrate en el castillo de la memoria y revisa toda tu vida en busca de esas situaciones que nunca se concluyeron y siguen estando activas en ti, para cerrarlas con la intención de restablecer la paz original en el reino.

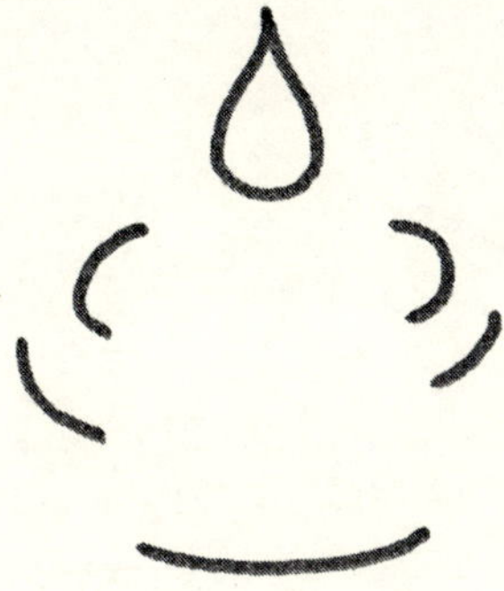

Reconoce a eso que hay en ti que eres tú
y agradece por amarte incondicionalmente,
por estar siempre ahí, incluso cuando
dudabas se mantenía con la certeza de que
algún día recordarás. Reconoce todas las
veces que has actuado en contra de la vida,
de lo original en ti y libera a través de la llama
azul todo rastro de cualquier conflicto.
Armonizada cualquier disonancia por la
gracia de la música.

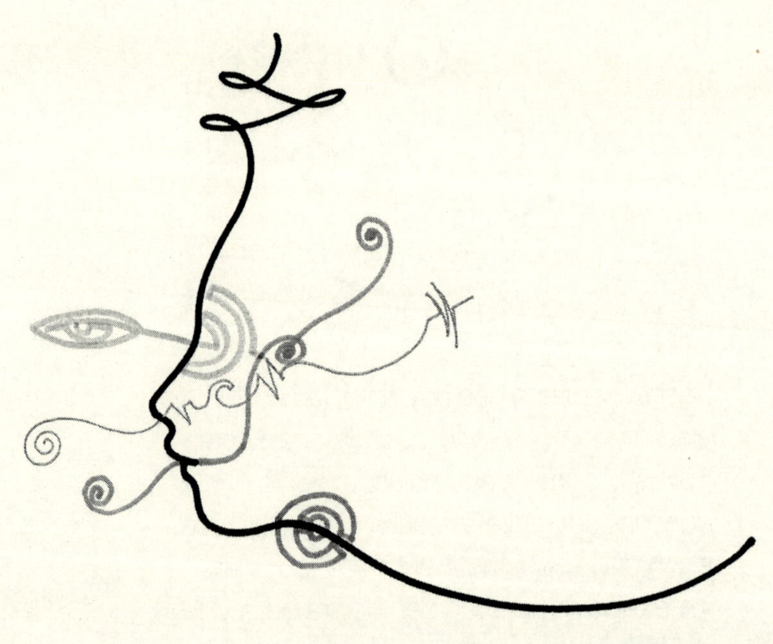

Derecho y deber es tener una experiencia de vida gratificante. Conocer de qué pasta te conformas, respirar conscientemente, cuidar que entra y sale de ti. Derecho y deber es crear formas de pensamiento brillantes y generar memorias de Deleite.

Deber y derecho es enlazar el pensamiento y la voluntad a la gratitud del estado de Deleite y dejar que la gracia de la música recorra cada rincón para que el estado provocado por esta gratitud sea desde el cual proceder en cada momento de tu vida.

Es deber, que desde este momento, en cada día elijas los quehaceres que te brinden contento. ¿Qué puedes hacer desde el Deleite de hacerlo? o ¿qué puedes hacer para que hagas lo que hagas, lo hagas desde el Deleite?

Memorias de Deleite

La interpretación de los sucesos presentes quedan registrados en la memoria y es a partir de la memoria que se diseñan las reacciones y decisiones futuras. Estas memorias pasan a un campo colectivo y son heredadas de generación en generación. La historia que te cuentas sobre los hechos pasados te obliga a continuar dándole sentido. Tú decides qué recuerdos imprimir para el diseño del porvenir. Es derecho y deber comenzar a utilizar todos los recursos que tenemos a nuestro alcance para generar memorias de Deleite, que sirvan para la creación de la base de datos de una nueva realidad coherente con lo original. El propósito de generar memorias de Deleite nos brinda el poder necesario para posicionarnos en el trono que nos corresponde y sumergirnos en cada situación con la intención de que el Deleite, la gracia, la conexión, el conocimiento y el amor sean protagonistas de la experiencia. Suceda lo que suceda, con más o menos intensidad, más o menos agradable, siempre tenemos la oportunidad de cambiar de perspectiva para actuar desde el Deleite y no cerrarnos ante las circunstancias externas.

Aparte de alimentar aquello a lo que atiendes, también lo registras en tus memorias. El único compromiso que conlleva generar memorias del Deleite es decidir a propósito qué quieres nutrir con tu atención e imprimir en tus memorias. La tarea aquí es quitar tu atención de lo que no y ponerla en lo que sí. ¿Pudiendo atender a lo que quieras de este escenario en el que te encuentras para que atender siempre lo mismo?

Generar memorias de Deleite es la clave para asegurarse un presente y futuro de gracia. Asumiendo que de tal manera, perfecta y maravillosa fue como sucedió. La misión es transformar cualquier recuerdo de experiencia conflictiva en memorias del Deleite para asegurarse de que cuando ocurra algo parecido el estado de Deleite tome las riendas. Si se permite residir en la memoria un recuerdo conflictivo se estará participando en la promoción de tal conflicto.

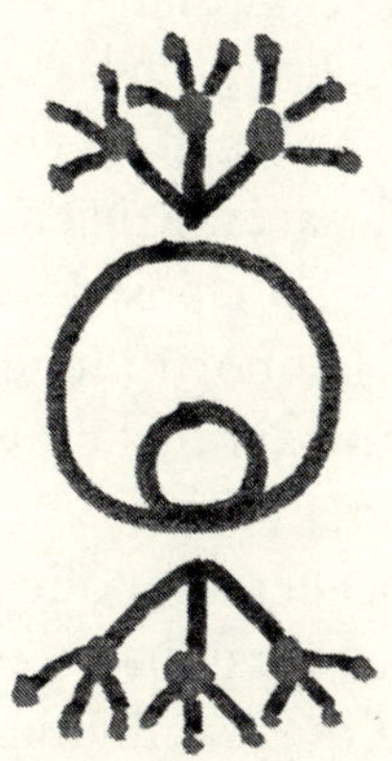

Generar memorias de Deleite no habla de cambiar los sucesos pasados, si no cambiar lo que sucedió en ti con lo que sucedió en el pasado. No se puede cambiar el suceso, pero sí se puede reescribir tu perspectiva y posición ante tal suceso.

Toda situación incoherente será revivida para volver a ser actuada simbólicamente en coherencia con lo original en ti, es decir, de la forma que más a gusto te quedes.

Es un gran compromiso transformar toda memoria disonante en memorias de Deleite, cada día, antes de adentrarse en el mundo sueño. Este es un buen momento para repasar las experiencias vividas. Desde un espacio sensible y neutral, es decir, desde el centro. Recapitular el día y detenerse en las situaciones disonantes, en las que se actuó en incoherencia con lo original. Al visualizar esa escena con todo detalle, acompañada de la respiración más profunda posible, te posicionas de nuevo ante la situación, con la oportunidad de volver a actuar la escena. Utilizando el movimiento y la palabra que nacen del centro, aprovechamos este instante para proceder simbólicamente en coherencia con nuestra versión original, sellando así está nueva forma que cambia la narración de la historia, convirtiendo el recuerdo en una memoria de Deleite.

Hagas lo que hagas hazlo desde el Deleite

Hacerlo es la recompensa, deleitarse en el proceso, conseguir la sublimación de lo original con tu creación, ya sea andar, escribir, pintar un cuadro, preparar una comida, conversar o cualquier proceso creativo que comience desde el ser y estar, es la recompensa, lo que suceda con ello ya no es cosa tuya. Tu derecho y CASI deber es generar memorias del Deleite en cada emprendimiento.

Sin apropiárselo, pues lo que hagas, ni su resultado importa, si no desde donde lo haces. Y hacerlo desde el deleite es la máxima contribución que puedes hacer a la humanidad.

Haz lo tuyo.

A veces el impulso original es sepultado por la importancia personal. A veces el personaje que hemos creado y desde el cual actuamos no permite interpretar el guion del impulso original. A veces queremos hacer algo que es bloqueado por lo que creemos que pensarán de nosotros los humanos presentes.

Haz tu show, disfrútalo y disuelve tu importancia con este. Nada puede salir mal, eres el protagonista de tu peli. A los demás no les importa realmente lo que hagas. Que no te importe lo que piensen, ni mucho menos, pienses que les importa. Ellos se olvidarán de ti con la próxima distracción, mientras que tu actuación quedará registrada en tu memoria y pasará de generación en generación. El mayor regalo que puedes hacerte es concederte el permiso de interpretar el impulso original. Concédete el permiso de participación, juega a ser bailarín, médico, cantante, gato, payaso, amante, cazador, mago, investigador… o lo que sea que te apetezca encarnar en este instante. Tienes el derecho de detenerte por un instante ante cada situación y decidir qué memoria quieres generar.

Transparencia para poder expresar tu melodía original, despacio, para percibir los cambios en el latido de tu corazón y adaptación de tus movimientos para que sean coherentes con el impulso del estado de Deleite.

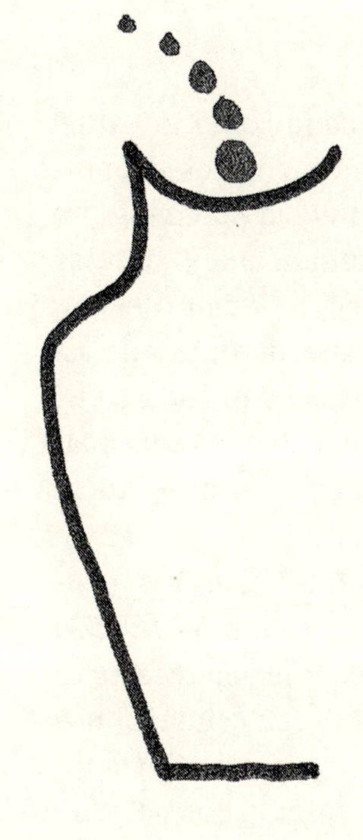

No eres lo que hay
en la vasija, eres la
vasija y la misión es
llenarte de lo que
deseas para
transformarlo en ti y
poder regar tu
mundo en cada
paso.

Ritualízate

Cada momento puede ser tomado como un ritual de iniciación. En cada momento tenemos la oportunidad de hacer lo que queramos o podamos con nuestra oportunidad. Aquí y ahora, ante ti, el vaso lleno de la experiencia, tú decides cuanto beber, cómo beberlo y lo más importante, desde dónde beber. ¿Cómo te posicionas? ¿Cuál es tu intención? ¿Dónde pones tu atención? Hay algo extraordinario en cada instante. Prueba a beber como si fuese el único trago en medio de un desierto.

Y una vez bebas, ¿qué harás? ¿Pasarás al siguiente trago? Una nueva información ha entrado en ti, la información de esta experiencia recorre tu cuerpo y ha de ser integrada en cada célula. Si nos la pasamos de trago en trago sin una pausa para integrar, para absorber lo que sí y mear lo que no, puede que nos resulte difícil pasar a otra cosa, trascender ese nivel de realidad, pasar este rito de iniciación y nos quedemos repitiendo esa experiencia hasta que consiga ser integrada, y así, trascendida.

El ritualizar tu existencia puede ofrecerte un orden, sentido y belleza. Un momento en tu día, al empezar, terminar o durante en el que parar para reconocer todo lo que está sucediendo, para recordar el Faro Polar, para integrar y recoger las joyas, habitar el silencio, volver al punto cero y desde este reconocer las fuerzas que actúan sobre ti provenientes de cada dirección.

Una semicorchea en la sinfonía original.

El propósito de la vida es conocerse y por eso se expande, para experimentarse desde diferentes perspectivas. ¿De qué se puede tratar si no de experimentar? Puede que te guste más o menos, mas eso es cosa tuya, solo es información, tu gusto o preferencia no importa ante la creación. Saborea lo sucedido, permite la integración, para trascender y pasar al siguiente escenario.

Registrar y ordenar información, del darse cuenta a la integración.

Yo soy lo que soy y a ver en que me puedo convertir, dijo la primera célula. Desde y hacia el origen. Todo sale del punto cero, centro vacío creador y todo regresa a este. Aparece, expande, experimenta, registra información y vuelve al origen para integrar lo aprendido. Disolución y nuevo comienzo.

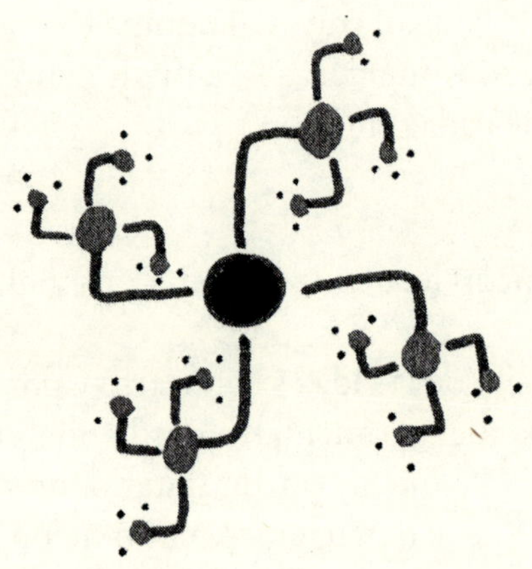

Cada día al despertar, yo soy lo que soy y a ver en qué me puedo convertir. Permiso de ser, libertad de conocerse desde una nueva perspectiva. Experimentación expansión. Al dormir recuerda lo que has vivido, momento de disolverse integración para empezar de nuevo, un nuevo comienzo, mismo lugar, una nueva posición. Diferente nivel del mismo fractal.

Trenza del tiempo

Sintoniza cada día, al despertar, con tu yo del futuro e inhala la información correspondiente al Faro Polar, para tener claridad en el camino que vas a transitar este día y por la noche al entrar en el tiempo sueño sintoniza con tu yo del pasado para enviar las coordenadas del camino que has tomado y abre su camino haciendo los movimientos necesarios para transformar todo recuerdo conflictivo en memorias del Deleite.

Si en algún momento del día te sientes en apuros, ten presente que tienes el apoyo de tu yo del futuro. Comprométete a apoyar, antes de entrar en el mundo sueño, toda situación en la que tu yo del pasado se vio en apuros. Genera esta trenza en la que el futuro y pasado se enlazan en el presente, para dar paso a este baile del tiempo.

Canal de Deleite

Lo más coherente que podemos hacer como personas es quitarnos de en medio tanto como sea posible para convertirnos en canal del Deleite. Ser canal del Deleite significa que no hay nada que hacer si no permitir que lo original actúe a través de ti. El propósito aquí consiste en no interferir, quitarse de en medio y ser testigos de cómo eso que hay en ti que eres tú, toma el control. Observa y aprende de cómo la presencia se expresa con el movimiento que nace de lo más profundo en coherencia con el instante, siendo uno con el movimiento del universo. Disfruta de la experiencia de estar enchufado a la sinfonía original, de habitar el estado de Deleite y poder expresarlo a través de todas las partes que te conforman. Si pretendes apropiarte de su brillo, este se desvanece. Cualquier cosa que hagas desde el estado de Deleite no te pertenece, así que evita tomártelo personal. Tu propósito aquí es permitir que a través de ti se cumpla el propósito original. Todas las capacidades, poderes y herramientas que actives, son para el cumplimiento del propósito de la vida. Si por un instante te da por creerte importante, el poder que te ha sido dado para que hagas lo que tienes que hacer, se evapora, incluso puede volverse contra ti. Si no vas a favor de lo original, vas en contra y contra lo original solo queda autodestrucción.

Permite que la música que
nace desde lo más
profundo de tu ser dirija
este baile y propague su
onda expansiva sobre tu
mundo.

Expande el reino

Durante tu paso por la vida has ido encontrando diferentes joyas. A través de tu experiencia has desvelado una información que has entendido, integrado y activado en ti. Estas joyas te han facilitado la vida, en cuestión de eficacia, realización, paz, poder, cualidades o nuevas herramientas. Haberlas encontrado y activado ya es un logro, la buena noticia es que podemos afinar un poco más con el propósito original. A través de cualquier forma de expresión ya sea palabra u otras formas creativas podemos transmitir esas joyas a nuestros semejantes. *Es importante que la trasmisión suceda desde el centro, sintonizando con lo original y afinando con las palabras precisas para que la información sea recibida con éxito. No importa lo que digas, lo complicado o bonito que sea, si no lo que causa en el receptor. La intención dirige el impacto de la palabra. Quítate de en medio para que el mensaje que emana del centro pueda ser expresado sin interferencias personales.*

Esto es una procreación, una información que hay en ti que es transmitida a otro y este lo activa en su interior. Esta trasmisión multiplica tus riquezas pues cada joya que se transmite se duplica, expandiéndose como células que crean un tejido. Una red humana que se sostiene y comparte información con el propósito de elevarse hacia estados más coherentes con lo original. Para que suceda la transmisión hay que conectar y para conectar hemos de disolver todas las barreras que nos impiden el encuentro original.

¿Qué es importante para ti?

Eso que te importa, le prestas atención y la atención dirige tu xispa. Podemos decir que todo aquello que te importa lo alimentas. Si le das importancia a algún aspecto artificial, es decir, a la imagen que tienen o tienes de ti, al que pensarán o dirán, al éxito que tienes, a cualidades negativas, a las expectativas que tu persona a formado o cualquier aspecto que, como los anteriores, no son reales, sino una libre interpretación, tendrás problemas, pues lo importante para ti, se verá amenazado constantemente. Estarás alimentando una ilusión y te pasarás el tiempo entre ofensas y amenazas, tratando de defender aquello que es importante para ti. Al defenderlo te proteges y al protegerte te cierras, impidiendo que la vida fluya libremente a través de ti y por lo tanto alejándote de tu versión original.

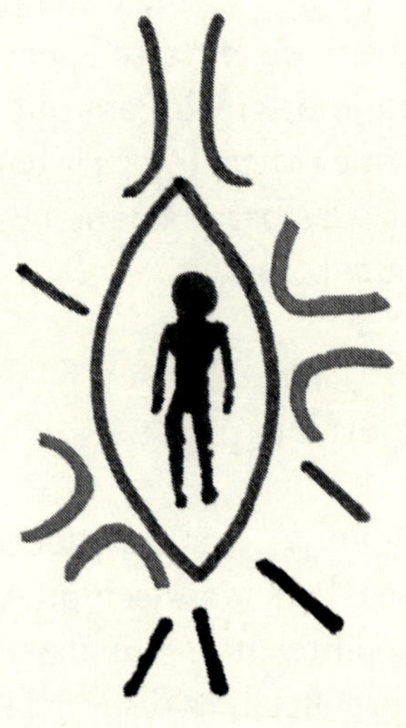

En el camino hacia el Faro Polar hemos de cambiar nuestra importancia de lugar y ponerla únicamente sobre aquello que es original. Poner nuestra importancia sobre aquello que nada ni nadie puede amenazar. Que el latido universal, sinfonía original sea lo importante, el aire que entra y sale de tu nariz. Pon tu importancia en las virtudes que quieres amplificar en ti. Evita poner tu importancia en cualquier cosa que difiera con lo que hay ahora y aquí. Quita tu importancia de lo que no y ponla en lo que sí.

Todo aquello que ha sido creado para proteger, también te separa

Los escudos creados para proteger un área están siendo un impedimento para vivir nuestra verdad innata. Estos han hecho una función excelente con la única intención de mantenerte a salvo. El problema es que estos escudos que protegen, sellan cualquier entrada y salida, impidiendo el libre flujo de xispa y la conexión original con los seres que tenemos enfrente.

Estas barreras serán disueltas por la gracia de la música que emana el estado de Deleite. Al estar en sintonía con el propósito de la vida, todo cuanto te rodea es parte de ti, la vida va a tu favor y tú vas a favor de la vida. Entonces te das cuenta de que no hay nada de lo que protegerse, solo con respirar conscientemente estás bajo el manto que acoge toda forma viviente. El propósito es mantenerse en el estado de Deleite incondicionalmente de lo que suceda en el exterior. Lo que ves solo es una interpretación filtrada de la realidad, impulsos eléctricos que interpreta tu cerebro sobre lo que está sucediendo y acomodados a patrones del pasado. Asume que eso que sufre es virtual, no existe en realidad. ¿Para qué condicionar nuestro amor por una ilusión? Mantente en el estado de gracia incondicionalmente de lo que piensas que estás viendo.

Hemos estado buscando tan insistentemente aquello que creíamos que nos faltaba que no hemos permitido el tiempo ni el espacio para conectar de centro a centro con lo que tenemos ante nosotros. En el momento que conectas de verdad, te das cuenta que eso que hay en ti que eres tú, también está frente a ti, en todas partes. Todo cuanto hay fuera forma parte de tu equipo, todos ellos son de los tuyos. Por mucho que difieran en gustos y costumbres, son de los tuyos. Todo lo que sientes, lo que deseas y lo que te pasa, le pasa a todos, no hay separación. El propósito original es uno, y como el agua, fluye por cada humano expresándose a través de ellos por multitud de formas diferentes.

Cada decisión que tomas, cada acción está influenciando en la conciencia colectiva del ser humano. Todo lo que superes, todo lo que hagas desde el Deleite está repercutiendo en la realidad del mundo que habitas. Aunque nadie esté mirando, tu alineación con el propósito original está inspirando a toda la humanidad. Tú decides como quieres aportar, tú decides si apoyar al miedo o al estado de Deleite. Cada paso deja una huella y esa huella es tu contribución. Decide desde donde hacer lo que haces.

Hagas lo que hagas

haz lo que te deje en paz.

Escribe a propósito

Mediante la escritura puedes obtener información sobre el Faro Polar, la misión que representa lo que has de permitirte hacer o deshacer para afinarte a tu versión original. Escribir a propósito es una maravillosa herramienta, mediante la escritura se ordena la información. Toma la oportunidad que te brinda un lápiz y un papel y materializa todo lo etérico que anda revoloteando tu mente. A Través de la escritura puedes separar la paja del grano. Mientras escribes puedes encontrar el camino a seguir y una vez encontrado profundizar en sus detalles. El movimiento de tu mano al escribir es algo mágico que puedes utilizar tanto como para grabar información en tu mente, como para desvelar información encriptada.

Ola de luz

Una multitud de voces se pronuncian en el reino interior, cada una de ellas en representación de sus intereses, aspiraciones y necesidades correspondientes. De entre todo este barullo, brota un sentimiento desde las profundidades del ser. Un sentimiento que acoge en su abrazo a todas las partes y con calidez de madre, calma sus pretensiones.

Una ola de luz surge desde el centro vacío, armonizando a su paso cualquier diferencia. La ola atraviesa cada célula con un claro mensaje, que por un eterno instante genera la coherencia precisa que permite experimentar el motivo de la sinfonía original.

El Faro Polar nos sirve para llegar a un acuerdo con todos los aspectos al dar con el que hacer que ponga a colaborar a todas las partes. Un nuevo motivo sinfónico que es dirigido desde el centro. Cada aspecto tiene su función y su espacio para formar parte en este nuevo sistema que marcha sincronizado y en colaboración hacia un objetivo común.

El propósito aquí es capturar ese sentimiento y subirse a él para un viaje hacia el origen. Este sentimiento que emana del centro posee los códigos encriptados en su vibración del propósito original. Toda palabra o proyección mental será una interpretación de la esencia de ese sentimiento. A través de la escritura llegaremos a afinar lo más posible en nuestra interpretación de la esencia.

A partir de la escritura desarrolla la escena presente de cómo visualizas la línea de tiempo en la que vives desde tu versión original. Escribe sobre lo que estás llevando a cabo y el efecto que tiene sobre tu vida y la de tu entorno. La escritura te servirá para sintonizar con ese sentimiento, una vez encontrado sabrás lo que hacer en cada momento. Lo único que has de hacer es quitarte de en medio y contemplar como eso que hay en ti que eres tú procede creativamente en la situación que ahora ocurre.

Lápiz y papel

Lo que se busca mediante la escritura es dar con el clic que ponga en marcha el sistema y la alineación. La mente es un procesador. El juego está en la sincronización de la mente con el corazón

Visualiza con todo detalle cómo actúas en la línea espacio temporal en la que encarnas tu versión original. La máxima expresión de tus potenciales y capacidades. Encuentra el lugar en el cual eres útil en tu entorno. Conviértete en lo que eres capaz de ser. Al servicio de la vida te llenarás de xispa.

Cuidar de lo original.
Cuanto más das más tendrás.
Solo lo que es de verdad permanecerá.

Encuentra un espacio y tiempo para habitarlo. Un cuaderno y algo para escribir. Comienza a escribir en tiempo presente sobre esa línea espacio temporal en el que una versión de ti ha alcanzado su máxima expresión y desde el estado de Deleite está actuando su vida. Sintonízate. ¿Dónde estás? ¿Qué estás haciendo? ¿Qué has hecho? ¿Desde qué posición?

Con el impulso de lo original, sientes una gran motivación y al escribir estas palabras sobre tal posibilidad, estás sellando la orden de rumbo hacia el cual dirigirte. Una luz de faro que guiará tu camino.

Eres grande en la medida que puedas
entregarte a algo más allá de ti. En una
misión para enriquecer tu mundo.

De todos los lugares posibles en los que posicionar el faro, hay uno que resuena con todos tus centros. Sabrás que lo has hallado al sentir una vibración de pies a cabeza. No tienes que buscarlo, tienes que encontrarlo. Observa, siente y escribe la escena como si ya hubiese pasado, como si fuese tu diario.

Cuando lo descubras te darás cuenta de
que siempre te estuvo rondando.

El búho se presenta ante tu mirada y no tu mirada
encuentra al búho. Así con las joyas en el camino
de tu vida. Entran en ti y activan los códigos. Nada
que tu hayas buscado y encontrado, si no algo que
recibes por la gracia de la música al posicionarte
ante la vida en el lugar adecuado.

Tienes la cualidad y el poder para manifestar
cualquier cosa que puedas imaginar.
Tú decides si atreverte a atravesar las
pruebas que te lleven hasta esa realidad.

Al parar a escribir sobre la posición del faro, olví-
date del interés personal, atraviesa los límites de las
creencias, de cualquier círculo artificial y escucha
el mensaje del centro, retransmitido por el estado
de Deleite. En vez de satisfacer el deseo de un personaje artificial y entregar todo lo que tienes para
intentar sostener las inercias de una interpretación
teatral. Se lo que hay en ti. Pensamiento, sentimiento
y voluntad se unirán para ponerse rumbo al Faro
Polar. El manto de este mensaje hace resonar cada

célula a la frecuencia de tu versión original. Adéntrate en los detalles y descubre que tu nivel de lucidez se incrementa. La información de todo lo que serás se descarga y su parte correspondiente se activa, para que **ahora seas**.

¿Qué huella has dejado en tu camino
hacia el Faro Polar?

Cada paso en tu camino deja una huella, un registro que permanece hasta que la luz dure. La cualidad e intención de cada gesto es tu contribución a la humanidad.

Lo que no te hace sentir no tiene sentido

Cambia tu historia de vida. Al dar con el Faro Polar tu historia pasada y futura cambiarán ordenándose armónicamente. Toma el lugar que te corresponde ante la sinfonía original y recupera el potencial que hay en ti para ofrecerlo en tu participación sinfónica. Comprométete con lo original, para poder vivir una vida con sentido.

Un destino poético hacia el cual dirigir todas y cada una de las acciones.

Haz consciente el Faro Polar, tu mito personal, para evitar verte arrastrado por una inercia subliminal desordenada. Juega entre las cortinas del mito para encontrar el significado de las experiencias. Desvela su relación, ninguna pieza está separada del puzle.

Visualízate en esa línea espacio temporal en la que vives desde tu versión original.

A qué o quién sirves? ¿Qué estás haciendo? ¿Para qué lo haces? ¿Cómo te mueves? ¿Cómo respiras? ¿Qué quieres?¿Cómo y qué agradeces? ¿Cómo te relacionas? ¿Qué haces por la humanidad? ¿Cómo hablas? ¿Qué tienes para decir? ¿Cómo piensas? ¿Qué has aprendido? ¿Qué ha trascendido? ¿Cómo se vive en ti? ¿Cómo son tus días?

En este instante, haz los ajustes necesarios para resonar acorde a esa realidad, haz lo que ahí haces (Afínate).

Recuerda cada día el Faro Polar.

El Faro Polar lo encontrarás al dar cada paso

desde el Deleite.

¿Aquí y ahora?

¿Ahora o nunca?

Puedes tomártelo como quieras

Disfrútalo

El cambio es el origen

Algo cambió y la vida se originó, desde el origen todo ha cambiado constantemente, el origen ha cambiado hasta llegar a ser hoy. Con el propósito de encontrar nuevas formas de expresarse, lo original se expande obedeciendo a un patrón en el que el caos trae orden y el orden caos, la disonancia es la forma en la que el fractal encuentra nuevos patrones de evolución.

Nada en este universo está separado o es independiente de las leyes por las que transcurre el propósito original. Cuando algo se detiene, sufre un desgarro, separación, estancamiento, sufrimiento y finalmente muere. Cualquier emprendimiento próspero ha de basarse en lo original y seguir el movimiento del propósito de la vida.

Esta primera edición de *A propósito*,
de Paulo Caparrós, terminó de imprimirse
en mayo de dos mil veinticuatro,
en Madrid